U0024320

歐洲聯盟東擴之研究
——從國際社會化的途徑分析

■ 王啓明　著

序言

　　從政大取得學位，有幸返回母系任教以來，筆者便一直從事歐洲聯盟與國際社會化理論的研究。適逢歐盟在這些年的政策推動，包括歐元的實施、向中、東歐國家擴展以及歐洲憲法的討論等，使得筆者有機會將理論與政策在歐盟的發展上做一連結，更能從中檢驗所學以及延展國際社會化理論的適用性。

　　本書得以完成，首先要感謝筆者任教的東海大學所提供安定的環境與完善的研究設備。政治系以及所有師長的鼓勵與支持，讓筆者任教的這些年，有非常自由的學術空間。在修訂本書的過程中，腦海中不斷的浮現出撰寫博士論文時期的情境，政大政治系的師長們，一點一滴的累積我在專業知識與思維的深度與廣度，指導教授周煦老師的細心教誨才能讓我有所成長。東海政治系師長們的勉勵，更是最大的動力來源，尤其是王業立教授在學術研究上的啟發、歐信宏教授的支持，以及湯媽不辭風雨的幫我張羅一切，使我能安心的完成學業，還有同窗好友亢宗、立傑、勝戀、子喬與小璇的鼓勵，在此表達筆者由衷的感激之意。

　　當然最應該感謝的，是父母的生育與養育之恩，還有大哥與大嫂的照顧之情，我親愛的老婆姿鈴更是支持我的最大動能，也是這

本書得以完成的幕後功臣。謹以本書獻給我的家人，並做為父母親
逝世二十一年的紀念。

王啓明

於台中大度山

目　次

表目次

圖目次

第一章　緒論

第一節　動機

　　一個人在政治上的行為定向及行為模式，常常是通過實際生活經驗及有形的學習方式所形成的，此種過程，即是「政治社會化」（political socialization）的過程。[1]當然，研究政治社會化過程的主體仍聚焦於個人的行為，個人如何形塑「政治的行為定向」與「政治的行為模式」，透過分析此一發展歷程，便構成政治社會化研究的範疇。亦即，透過政治社會化的歷程，個人漸進式的學習現行政治系統所接受與習慣的規範、態度與行為。[2]然而，在國際關係的研究領域中，國家被視為在國際社會環境系絡中研究的行為主體，[3]而國際社會所形塑的規範亦藉由類化於個人的政治社會化歷程，轉入國家的行為曲目之中，此即國家間的社會化歷程。

---

[1]　易君博，《政治理論與研究方法》。台北：三民，1993，頁 111。

[2]　Robert Sigel , " Assumptions about the Learning of Political Values," *The Annals of the Academy of Political & Social Sciences* , Vol.361 (September , 1965) , p.2.

[3]　對於國際關係行為主體的研究涵蓋國家、國際組織、非國家組織等行為者，而本書則著重於國家的行為。

　　當然，在後冷戰時期，尤其在蘇聯解體之後，象徵著共產主義的意識型態，隨之崩解，國際體系由兩極對抗的態勢轉變為多極競合。其中，透過多邊主義（multilateralism）、區域主義（regionalism）的效益，以及國際建制（international regime）扮演著國際規範建構與執行的角色，使得國家在此一架構下，藉由學習的歷程開展其社會化的歷程。

　　就政治社會化的主題而論，個人的政治社會化是形塑政治行為模式的過程，其目的在於建立人民的政治知識、使其學習政治體系的價值並展現合適的行為。亦即，透過政治社會化的過程，將「政治文化」的內涵予以代間傳遞，進而鞏固政治體系的穩定。準此，國家間的政治社會化，是在穩定國際體系的前提之下，國家透過社會化的歷程，將國際規範、國際制度的內涵，予以擴散。國際社會化是藉由國家之間所醞釀的理念（ideas）或是信念（beliefs）、互惠（reciprocity）的連結、勸服（persuasion）的歷程、信任（trust）的互動，最終達成規範（norms）的形塑，建構出國家間學習的模式，更促成國際制度與國際合作的運作。亦即，將彼此間的共同價值觀在國際社會化的歷程之中展現。

　　本書希冀藉由個人政治社會化的研究途徑來探究國家間所進行的國際社會化歷程，透過此一研究來剖析在無政府狀態下的國際規範、國際制度與國際合作如何透過上述的社會化建構國家間的共識，進而藉由彼此間互惠與互信的深化，達到穩固國際體系的目的，更使得國際社會化主體性內容在國家行為者之間傳遞。

　　亦即，國家行為者如何透過社會化的過程，學習國際規範的內容並將其內化為國家內部的行為準則，研究的主體則是聚焦於國家

行為者，而國家間如何開展學習的歷程就成為國家進行社會化的途
徑。再者，國家間的學習則是基於信念與理念以及知識在國家之間
的傳遞所致，透過集體認知的過程形塑國際規範的內涵，進而建立
共同利益，藉由霸權國或強權國的勸服與影響力，以及國際組織與
國際制度的運作，促成國家間對於國際規範的接受強化國際社會化
的動力。

表 1-1：個人的政治社會化與國家間國際社會化的比較

	個人的政治社會化	國家間國際社會化
主體性	所屬社會的政治文化	國際合作
媒介	家庭、學校、同儕團體、大眾傳播媒體	國際體系、同儕國家、非政府組織、政黨、跨國性知識社群、跨國性利益團體
學習歷程	從涉入媒介情境後進行	當共識與認知建立後進行
利益的建立	無	共同利益的認知與建構
約束性	被動式	國際規範的內化
目的	形塑政治態度	取得身份資格

資料來源：作者自製

　　由表 1-1 可知，個人的政治社會化歷程並無利益建構的認知，
當個人涉入所屬的社會情境中來開展學習的過程，其目的在於行為
者藉由與媒介互動所產生的影響，從中形塑其政治態度與行為，並
將政治文化予以代間傳遞。而國家的社會化歷程則是當國家行為者
透過媒介的影響，將國際規範的內容藉以傳遞、接收，進而建立起
共同利益的認知後，將國際規範的內容藉由內化的過程轉化為國家
的行為規範，使得社會化主體性——國際合作得以延續。所以，本

書是將國際合作視為國際社會化的內涵，亦是國家間進行國家學習
的內容，對於合作的定義，本書亦予以重新建構，以其符合國際社
會化的分析。

第二節　本書架構

　　本書所探討的國際社會化概念，主要是指將國際社會中的信念
與規範透過制度化的機制予以內化到行為者認知與行為之中的過
程。其中，藉由制度化機制所建構的懲戒機制來達成目標的成效，
最終促成社會化內容的再製與擴散。其中，「霸權國的影響」、「國
家的學習」（state learning）、「共同利益的認同」（common interest
identity）、「法制化」（legalization）與國際組織的角色（the role of
international organization）就至為關鍵。筆者透過前述的理念、概
念脈絡所導引出國際社會化的分析變數，一一進行分析，並建構起
研究的架構，以下便以圖解的方式來解釋此一架構。（請見圖 1-1）

　　筆者試圖以系統理論的架構來結合文獻分析與漸進式連結研
究途徑來分析國際社會化的歷程，亦即，當行政層次出現要求，誘
發國際社會產生互動行為的需求與支持，對於國家行為者而言，在
穩定國際社會的前提下，彼此透過理念的溝通、勸服、互惠行為的
建立、信任的累積最終形塑出解決情勢變遷下所產生問題的共識與
規範，進而達成國際社會化的歷程。此外，國家行為者亦會基於其
國家內部的意志所形成的非政府層次媒介的需求，形成加入國際社

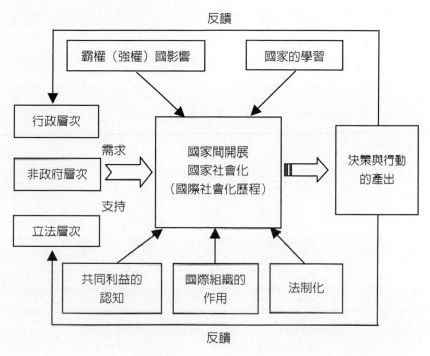

圖 1-1：本書架構圖

會運作機制的動能，使得國家領導階層將國家內部的需求轉化為實際的政策與行動，藉以服膺國際社會的規範，進一步體現國家的意念。再者，透過立法層次的媒介，將國際條約與規範予以法制化的歷程，使得國際規範藉由此一歷程轉化為國內法的規範之中。

　　無論是源自於行政層次的因素或是來自於非政府層次媒介的需求以及透過法制化的歷程來扮演國際社會化的媒介功能，都促使國家間進行將信念與規範予以制度化的歷程，並形成相關政策的產出，進而反饋於環境情境之中。

在第二章的論述中，筆者藉由政治社會化理論的文獻作為分析的起點，透過個人在進行政治社會化歷程的內容分析，將其研究主體轉化為國家行為者，進而歸納出國際關係學者對於國際社會化的概念與理論，釐清國際社會化的定義。再者，深入剖析相關學者對於國際社會化研究的成果，並對於學界此一概念的不足之處，提出批判與重構，重新界定其可供操作化的定義，作為建構國際社會化理論的基點。其中，對於理念與互惠的連結動因、國際社會與國家之間的勸服歷程、信任的互動，以及規範與制度的建立，都是國際社會化的歷程。

第三章則試圖藉由國際關係理論包含新現實主義、新自由制度主義、社會學制度論以及建構主義論者對於國際社會化概念的分析，導引出本書的分析指標。其中，國家間勸服的行為、功能性合作的開展、規範與制度的建立、媒介（agency）的作用、國家間的學習行為、認同與共同利益的共識等，都形成上述四種國際關係理論對於國際社會化概念意涵的競合，藉由釐清相關概念與論點的脈絡，更有助於筆者建構國際社會化理論的目標。

第四章則藉由三個層次來分析國際社會化的媒介因素，在行政層次的面向上，國家行為者因應國際體系的情勢轉變、高峰會議的共識、跨政府會議召開的決議等，使得國際社會得以累積合作的動因。其次，透過非政府層次的分析，包括國內政治情勢的影響、決策菁英與知識社群的反應，以及政黨的意見等，來研究國家內部對於國際社會化過程的影響。最後，國家行為者藉由法制化的機制，將國際法、國際條約等規範，轉化為國內法，使得相關國際規範能在國家內部具有落實與執行的依據。

　　第五章則以筆者所建構的分析指標來解釋國際社會化開展的歷程。這些分析指標包括霸權國（強權國）的影響、國家的學習、共同利益的認知、國際組織的作用以及法制化的歷程。藉由上述的分析指標，來研究國家行為者如何進行國際社會化，並檢證理論的操作化因素，使其更完備理論的建構。

　　第六章則是以歐洲聯盟所推動的「東擴政策」為個案研究，透過歐盟東擴政策的推動歷程來剖析中、東歐國家進行國際社會化的進程，再藉由前一章所建構的五個分析指標來分析東歐國家經由國際社會化的過程，不僅取得成為歐洲聯盟會員的身份，透過國際社會所建立的社會化的主體意涵，包括合作的強化、制度的建立與維持以及相關媒介的作用，進而增進歐盟的互賴契機。

　　第七章則是總結本書所建構的理論及其研究發現，並希冀能將此一分析架構適用於其他區域的研究，擴展此一理論的適用範圍，強化該理論的應用。

第二章　文獻回顧與批判

第一節　相關學者對於社會化概念的文獻分析

壹、政治社會化的概念

　　何謂政治社會化？Donald R. Kinder 和 David O. Sears 指出，政治社會化是將孩童形塑成某一優秀而且能夠使現狀持久的典範。亦即，政治社會化所關注是成為一個團體、組織或社會成員的過程，學習有助於人們適合於他們政治體系的價值、態度和適當的行為。[1]David Easton 指出，社會化對於系統維持最重要的貢獻在於透過「廣泛的系統支持」（diffuse system support），對政體與權威的合法性產生普遍化的信仰。[2]

　　根據 M. Kent Jinnigs 和 Richard G. Niemi 的研究，政治社會化可由兩個層面來解釋，[3]一是將社會化由「形成公民」的概念轉變

[1] Pamela J. Connover, " Political Socialization : Where's the Politics," in Crotty William, ed., *Political Science : Looking to the Future* (Chicago , IL : Northwestern University Press , 1991) . pp.29-33.
[2] David Easton and Jack Dennis, *Children in the Political System: Origins of Political Legitimacy* (New York , NY : McGraw-Hill, 1969) . pp.47-50.
[3] M. Kent Jennings and Richard G. Niemi, *The Political Character of*

成為是一種學習的過程，將社會化對政治穩定的重要性轉變為社會化對個人政治發展的重要性。二是將學習的心理學典範轉向社會學的解釋架構。亦即，家庭不只是社會化過程中的唯一重要媒介，許多其他的社會機構，例如學校、同儕團體、媒體和政治事件等，都是影響政治學習的相關因素，而政治社會化的目的在於將政治文化由上一代傳遞給下一代。

而 Jack Dennis 則將政治社會化區分為十個面向，為政治社會化提供更為清晰的分析結構。[4]

一、政治社會化系統上的關聯（system relevance）：藉由政治社會化的歷程，使得每一個成員皆分享政治價值及態度，並建立廣泛的系統支持，形成政治系統中主要輸入（input）功能的一部份，連結政治社會化與政治系統之間的關聯。

二、政治社會化內容之多樣性：政治社會化的內容可被視為政治文化，如同 Gabriel Abraham Almond 所言，「政治社會化是形成政治文化的過程，其最終的結果是人們對政治系統的態度（包含認知、價值標準及情感）」。

三、生命週期（life-cycle）中的政治社會化：此一面向著重於政治學習何時開始？如何發展？何時結束？

四、世代（generations）間的政治社會化：世代變化乃是指國家政治系統之變化是由不同年齡、團體、科夥（cohorts）

Adolescence: The Influence of Families and Schools (Princeton , NJ : Princeton University Press , 1974) . pp.19-47.

[4] Jack Dennis, *Socialization to Politics: a Reader* (Manhattan , NY : John Wiley Press , 1973) . pp.3-27.

所造成，而世代的差異因不同時代出生的社會成員而有不同的經驗，世代差異亦會結合成不同的政治學習潮流。

五、政治社會化的各文化面向：文化間的異同是政治社會化最顯著的特徵之一，政治學習的內容會因不同的社會而有所差異。

六、次團體與次文化之變異性：在政治上不同地位與地區團體，其所展現的次文化與次團體特性，在政治社會化的差異為何？會透過不同的政治學習而反映出不同的政治行為，包括社經地位、宗教、區域性、種族或是團體，都可能是政治文化持續傳遞的不同基礎。

七、政治學習過程：政治學習如何進行？這涉及幾個問題，第一，不同的學習過程可能來自於不同的影響與認知。第二，政治學習是個人的自我社會化抑或透過互動產生。

八、政治社會化的媒介（agents）：「誰在傳授政治學習」是研究政治社會化媒介的主題，包括家庭、同儕團體、大眾傳媒、學校乃至於政府都具有影響力。

九、政治社會化對不同人之範圍與相關影響：此一面向著重於政治系統、媒介、外在事件對於行為者的衝擊程度，進而影響政治社會化的強度與範疇。

十、菁英的政治社會化：此一類型的研究較少，不過其重要性將隨著菁英影響國家內部政治系統的程度與範圍而逐漸提升。

由上述的分析可知，政治社會化的研究著重於個體行為者成為某一團體、組織或社會成員的過程，進而維繫政治體系的支持與穩定，透過媒介傳遞政治學習，使得政治文化形成代間傳遞，形塑行

為者的政治定向與態度。亦即,政治社會化的內容(主體性)、媒
介的影響、學習的過程就成為重要的分析指標。

　　此外,政治社會化是以個人為分析單位,至於,在國際社會中,
國家是重要的行為者之一,在國家間進行互動的過程中,亦出現如
同個人的政治社會化歷程,如何建構出其分析的途徑?本書藉由政
治社會化相關的研究,將其延展至國家的層次,試圖尋出分析的脈
絡,藉以形塑國家(國際)社會化的分析結構。亦即,對於國際社
會化的內容(主體性)、對象、媒介的影響、學習的過程、傳遞的
方式,成為重要性的因素與指標,而國家行為者透過上述的社會化
歷程,形塑廣泛的系統支持,使得國際體系得以維繫,並進一步建
立起國際政治文化的典範。

貳、國際社會化的意涵

　　何謂國際社會化?學者間仍存有不同的看法,這也反映出其不
同的研究途徑與觀察方式,以下筆者藉由不同學者的定義,釐清國
際社會化的概念,並從而尋找出可供分析的脈絡,並建立更形完備
的概念,以作為建構理論的過程中,可予以操作化的意涵。

一、Frank Schimmelfennig 的定義

　　根據學者 Frank Schimmelfennig 的定義,「國際社會化是一種
過程,亦即,引導一個國家朝向將國際環境所構築的信念與規範予

以內化（internalization）的過程」。[5]根據上述的定義可知，國際社會化包括幾種概念上的抉擇：

第一，社會化乃指涉一種過程而非結果。亦即，行為者將信念與實踐予以內化的過程。

第二，內化是指將所採取的社會信念與實踐導入行為者認知與行為的曲目之中。其中，內部懲戒機制（internal sanctioning mechanism）能否有效發揮制止因脫軌的偏好成為破壞規範的行動，以及獲取資源的資格界定，就成為關鍵所在。[6]

第三，在國際政治領域的社會行為者，都是團體性的行為者。不同於個人透過心理學層次以及不需要如同個人在決策者層次的內化概念，國際社會化一般是指國家的社會化，其行為主體乃是國家，對於國際規範與信念的內化，是藉由國家內部制度化的決策過程與其懲戒機制的運作來進行。

最後，社會化過程的實質內容，主要是以信念與實踐的概念推展為要，而社會化的核心功能在於社會秩序的再製與擴散，當然，透過制度化的機制來建構上述的內容，就至為關鍵。

此外，他認為西方國際社會是基於自由的政治價值與規範所形成的體系，其構築社會的信念是依附於自由人權的信仰與實踐。「社會與政治秩序的自由原則」（liberal principles of social and political order）

5　Frank Schimmelfennig, " International Socialization in the New Europe : Rational Action in an Institutional Environment," *European Journal of International Relations* , Vol.6 , No.1 (2000) , pp.111-112.

6　Robert Axelrod, "An Evolution Approach to Norms," *American Political Science Review* , No.80 (1986) , p.1104；James Coleman, *Foundation of Social Theory* (London , England : Belknap Press , 1990) . p.293.

是根植於自由民主國家的內部規範，就國家內部領域而論，社會與政治秩序的自由規則——社會多元論、法律與民主規則、私有財產制、市場導向的經濟體制、以及福利國家——都導因於自由的人權觀。[7]在國際領域的範疇，自由的價值與規範都鑲嵌於和平衝突管理與多邊協調的制度之中。亦即，自由的規則不僅成為國際規則，更是國際與國內範疇的分際，而內化，則將自由的規範效力鑲嵌於國家內部的決策體系之中，透過此一機制，將國際規則再製於國家行為者的內部體系。

　　基於上述的論點可知，國際社會化是基於自由的社會所孕育，再者，自由的秩序有著國際與國內層次的區別，而內化過程則扮演著自由國際秩序再製的角色。當然，國際組織就扮演著重要的媒介。以西歐自由民主的社會而言，北約組織、歐洲聯盟以及歐洲理事會就在軍事安全、經濟合作與人權保障等領域，扮演著建構價值觀與規範、保障自由民主以及多邊協調的角色。準此，透過國際組織的運作，社會成員的身份則獲得正式定型（formalization）。

二、Kenneth Waltz 的觀點

　　國際關係領域的學者也論及到對於國際社會化概念的看法。Kenneth Waltz 從「結構」（structure）的觀點來分析「體系」（system）的概念。Waltz 認為結構是一套限制的條件，間接的影響體系內的行為，「結構」透過行為者的社會化以及行為者之間的競爭態勢來形塑。而藉由社會化的作用，一方面降低多樣性（variety），另一

---

[7]　Schimmelfennig, op. cit., p.120.

方面則是促使團體中成員藉由規範達成一致性的標準，亦即，透過社會化使得國家行為者「涉入體系的範疇」。[8]身處在無政府狀態下，國家行為者基於追求權力與生存的壓力，致力於符合成為成員的規範。

　　準此，Waltz 認為國際社會化是一種自發的、非正式的以及無意圖的過程。透過社會化的過程，國家間不但變得相似（alike），更基於成功地實踐社會化內容而達到涉入國際體系的功能。[9]亦即，國家的社會化進程如同個人的政治社會化歷程，在其所身處的環境系絡中（國際環境），漸進的完成。

三、John G. Ikenberry 與 Charles A. Kupchan 的解釋

　　John G. Ikenberry 與 Charles A. Kupchan 將社會化概念化為一種學習的過程，亦即，行為者將規範與理念傳遞給其他行為者的過程。至於如何傳遞，他們提出三個假設來解釋上述信念與規範的傳遞方式，[10]其媒介主要是霸權國透過次級國家（secondary states）的菁英社群（elite communities）來達成此一歷程。

　　第一個假設社會化發生的時機在於國際社會爆發動亂，例如戰爭，以及國家內部產生政治危機，例如國家處於分裂後重新建構統治權威之際以及國家面臨正當性危機形成之時，當國際社會與國家

---

[8]　Kenneth N Waltz, *Theory of International Politics* (New York , NY : Random House Press , 1979) . pp.73-75.

[9]　*Ibid.*, p.128.

[10]　John G. Ikenberry and Charles A. Kupchan, " Socialization and Hegemonic Power," *International Organization* , Vol.44 , No.3 (Autumn , 1990) , p.284.

內部形成不穩定的情勢，將會誘發有利於社會化進行的條件。在國際層次方面，霸權國建立一套有助於建構其利益的規則，來促成穩定，而在國家內部層次上，危機事件製造出讓菁英社群達成重組政治型態的新規範，藉以弭平爭端。

第二個假設乃在於菁英社群對於霸權國所建立規範的接納能力，亦成為社會化的基本過程。亦即，霸權國所傳遞的規範最初是根植於民眾之間，能否將其擴散至菁英層級，將直接衝擊國家行為的效果。即便前述的政治重組效應，也必須透過機制的運作，使得規範能由大眾進入菁英社群，讓這些規範的運作獲得媒介的傳遞。

第三個假設則是指當社會化展開之際，此一過程喚醒權力的強迫性行為。其中，物質的誘因（material incentives）激發出社會化的歷程。而物質的誘因是透過懲罰的威脅或是獎勵的承諾來改變行為者的政治或經濟層次的動機。霸權國透過懲罰或是獎勵等手段，迫使次級國家接受規範，藉以展現權力的效益，進而達成社會化的歷程。

兩位作者以歷史事件來作為分析上述三個假設的實證，包括以美國在第一次世界大戰後，威爾遜總統所倡議的外交政策與集體安全制度為例，以及第二次世界大戰結束後，美國對於歐洲地區與日本所採行自由多邊主義的外交政策，和英國在印度與埃及透過殖民主義來達成其社會化歷程的作法，來解釋霸權國家如何藉由國際情勢、規範、物質誘因以及菁英社群來達成國家進行社會化的歷程。

此外，他們除了提出物質的誘因外，亦對於實質的信念（substantive beliefs）在國際社會化過程中所扮演的角色提出看

法。其中，物質的誘因是透過懲罰或是獎勵的手段來改變行為者的
政治或經濟層次的動機；而實質的信念則是藉由國際規範與價值態
度的內化過程來達成。Ikenberry 與 Kupchan 不同於 Waltz 的觀點，
認為社會化的過程是自發性的、無意圖，他們認為國家的社會化是
霸權國為了維持其霸權的持久性與成本的降低，透過物質的誘導
（material inducement）與懲戒（sanctions）來主導次等國家間的規
範內化。[11]

四、Martha Finnemore 和 Kathryn Sikkink 的定義

Martha Finnemore 和 Kathryn Sikkink 則將國家社會化定義為積
極的機制，藉由國際體系所建構清晰的規範，結合的實質懲戒機制
與象徵國家間同儕壓力的驅使來達成。[12]亦即，社會化是指引導新
會員涉入社會所偏好行為的過程，準此，社會化被視為一種誘導新
會員國採行國際社會所偏好的規範，而改變其行為的機制。

Finnemore 和 Sikkink 透過國際規範建立的三個步驟來說明社會
化的過程，其中，在第二個階段──規範的散佈（norm cascades），
社會化、制度化成為最主要的機制。在國際政治的系絡中，無論雙
邊或是多邊的關係，社會化包括外交的讚揚與譴責，並藉由實質的
懲戒與物質的動機來強化。當然，國家並非是唯一的社會化媒介，

---

[11]　*Ibid.*, pp.283-293.

[12]　Martha Finnemore and Kathryn Sikkink, "International Norm Dynamics and
　　　Political Change," *International Organization*, Vol.52, No.4 (Autumn, 1998),
　　　pp.901-904.

規範企業化的網路（networks of norm entrepreneurs）與國際組織亦是社會化的媒介，透過媒介對於目標行為者施壓，使其採行新政策、法律與簽署條約，藉以達成國際標準的目標。[13]

　　當然，社會化意指個別國家的信念轉變以及如何將國際規範內化到國家內部的制度結構中。Finnemore 認為，國家社會化意指持續進行且存在的認知與社會化過程，而此一過程，是藉由國際的互動所構築的國家認知與利益來進行的。亦即，在國際環境的場域中，國家透過社會化的過程，進行學習。[14]此外，在 Finnemore 和 Sikkink 探討國際規範建立步驟的第三個階段則提出內化的過程來闡釋。藉由法律、專家以及官僚組織結構作為內化過程的行為者，其動機在於遵從國際社會所建構的規範，而以慣例與制度化作為主導的機制。

五、Kai Alderson 的看法

　　Kai Alderson 認為「國家社會化」意指國家在國際體系中內化規範的過程。不過，必須釐清兩個重要的問題，第一，在國家系絡中所指的「內化」其意涵為何？第二，國家社會化的規範性內容為何？Alderson 認為國家的社會化過程中，規範的「內化」有三個不同的過程：[15]

---

[13] *Ibid.*, p.902.

[14] Martha Finnemore, *National Interest in International Society* (Ithaca , New York : Cornell University Press , 1996) . pp.2-7.

[15] Kai Alderson, " Making Sense of State Socialization," *Review of International Studies* , Vol.27 (2001) , pp.415-433.

　　第一，國家社會化是行為個體信念的轉變，含括法官、企業領導人、政客、學生以及公眾成員基於認知與社會心理學途徑所衍生的態度轉變。

　　第二，社會化的過程是政治性的，透過國家內部行為者施展政治壓力與勸服（persuasion）的效果迫使政府服膺特定的國際規範來進行。就施展政治壓力的層面而言，利益團體、立法者以及法院，都扮演著內部懲戒機制的角色。而在勸服的場域中，個別行為者與團體中的個體，被國外的案例所激勵，成功的將政策轉化至彼此的認知之中。

　　第三，規範的內化（normative internalization）主要取決於規範能為國家內部制度結構提供的獲益大小，包含法律的內化以及官僚行為者被委以戮力與推動特殊規範創建的制度化工作。

　　再者，Alderson 提出四個理由來說明國家社會化。第一，藉由強調國家社會化的概念，來凸顯國家間互動的重要性，以及規範內化的議題。第二，透過社會化概念的引導，有助於理解真實世界中相似性與因果關係的連結。第三，國家社會化意指規範的內化而非行為上的順從，其內涵指涉更為複雜與積極的過程，亦即，國際互動影響國內政治議題，若干政策選擇方案，不再只是「菜單上的選擇」，而是使得難以想像的行動成為被國家接受甚至成為慣例的程序。第四，研究國家社會化的過程，不僅專注於國際社會轉變過程中權力與不平衡的態勢，亦可強化建構論者強調國際現實的社會建構過程而忽視權力政治的不足。

六、Jeffrey T. Checkel 的觀點

　　Jeffrey T. Checkel 認為社會化是一種學習的過程，而規範與理念在此一過程中傳遞，最終形成規範的內化。如何達成上述的目的，Checkel 認為需透過國際制度與規範的運作與實踐來進行。就實際經驗來看，時空背景提供社會化運作的條件，例如，後冷戰時期的歐洲，透過大規模的計畫開展，使得國際規範發生改變，進而影響歐洲社會的結構，形成特殊的區域規範。這些規範提供影響政策設定與國內媒介的連結，從而開啟社會化的歷程。

　　就理論層面而言，Checkel 是依建構主義的途徑來分析社會化，短期的觀察重點在於新規範如何致力於國家內部媒介的行動，特別是由非政府組織或貿易聯盟等機構對於國家決策者施壓所形成的社會異議（social protest），以及來自於知識社群與國家官員的社會學習（social learning），長期則是透過研究人權規範的建立來進行國際社會化歷程的分析。[16]

　　再就方法論而言，探討國際社會化的研究者必須明確說明一套操作化的議題──如何認知社會化的歷程？有何相關經驗性指標的發展？以及哪些指標被視為是有利的資料？以及思考其構成條件的範疇，這涉及社會化的機制在何時以及何種條件下能運作。

　　此外，Checkel 更提出社會化主要的機制應包涵不同時期的契約行為、制度情境以及社會互動。契約行為的核心在於該契約在於行為者間的約束性強度與效度，以及如何對其進行操作化與測量。

---

[16] Jeffrey T. Checkel, "International Institutions and Socialization in the New Europe- Chapter 1 : Introduction," *ARENA working papers* , WP 01/11, pp.2-3.

制度情境則是給予決策者加入某一特殊多邊組織的動能，例如，歐洲國家領導者決定是否加入歐洲特定的委員會、組織抑或團體的思維，此一制度情境亦對於行為者是否進行社會化的歷程提供動力抑或限制。社會互動的概念是由國際關係理論中的建構主義學派所強化的概念，透過審慎思辨（deliberation）、社會學習（social learning）、爭論（argumentation）以及勸服（persuasion），使得互動行為展現其特徵，更能導致國家行為者偏好的轉變，因之產生社會化的歷程。[17]

七、Ann Kent 的分析

Ann Kent 是以中共進行國際社會化為例，說明國際組織所扮演的角色來進行研究。[18]Kent 認為國際組織能形成制度性的規範，使得成員國之間服膺於其下，並藉此提供國家間進行交流與互賴關係開展的場域，不過，國際組織亦會對於國家在主權的範疇上產生衝擊。就中共領導階層的認知而言，加入國際組織不但可以提升其在國際社會的權力，更有助於本身的全球化與現代化，亦可從中獲取國家利益，但是，藉由互賴關係的開展將造成主權的部分讓渡，這會讓中共決策者猶豫。

只是，全球互賴已是無法阻擋的潮流，中共領導者也意識到「世界需要中國，中國也需要世界」，基於此一信念，中共開始其參與國

---

[17] *Ibid.*, pp.14-17.

[18] Ann Kent, " China's International Socialization : The Role of International Organization," *Global Governance* , Vol.8 (2002) , pp.343-364.

際事務、成為國際組織成員、接受國際規範所承擔之義務與權利、以及主權的讓渡，不過，對於人權議題與民族自決卻是堅持不讓步，這也逐步實現中共強化其在國際社會地位的策略。亦即，對於類似於中共此等類型的國家，對於接受國際規範與制度機制的約束而成為國際組織的一員，國家利益的提升至是關鍵，如此更可顯見國家對於社會化歷程是不同於個人，國家是主動的行為，經過理性思考所做出的抉擇。再者，中共內部的知識社群亦不斷強調國際組織的重要性，這也是影響決策階層重視與轉變意向的重要指標之一。

對於國際組織而言，例如世界貿易組織（World Trade Organization, WTO）、聯合國（United Nations, UN）等，皆在多邊架構下促使中共遵從規範、讓渡主權權力，亦使得中共達成國際社會化的歷程。此外，這些國際組織能提供中共國家利益的獲得，以及國際地位的提升，亦是最大的助因。

八、Judith Kelley 的觀點

Judith Kelley 則是透過分析拉脫維亞、愛沙尼亞、斯洛伐克、匈牙利與羅馬尼亞等東歐國家通過少數種族立法政策，來分析國際組織包括歐盟與歐洲安全會議如何對上述國家的政策形成影響，進而使得這些東歐國家透過國際制度的運作來形塑成員的一致性與社會化歷程。Kelley 進一步闡釋國際制度如何藉由社會化基礎的效果——勸服與社會影響力來引導東歐國家國內政策的轉變。[19]

---

[19] Judith Kelley, " International Actors on the Domestic Scene : Membership

　　總結上述學者的論點，所謂的國際社會化是指將國際規範與信念內化至國家內部結構的過程，如何內化？霸權國的勸服、內部菁英階層的要求、同儕間的壓力都是動力。只是，國家間的社會化歷程僅藉由這些因素就得以促成？還是仍有其他因素是學者未盡之功？抑或，這些指標在運作的過程中仍有不足之處？以及如何強化上述因素的作用，得以對於國際社會化的概念更加完備，使其更具操作化的定義？筆者試圖從學者的論述中，歸納出一致性的見解，更進一步分析因時空背景不同下的適用性，從而建立更具研究性的概念。

第二節　相關概念的批判

壹、對於 Frank Schimmelfennig 論點的批判

　　根據 Schimmelfennig 的論點，將國際社會化視為信念與規範內化至國家的過程，其中，內部懲戒機制的效用力，將決定內化的成效。不過，Schimmelfennig 並未清楚說明「內化」的過程是如何進行？此外，何謂「內部懲戒機制」？該機制如何運作？如何扮演國

Conditionality and Socialization by International Institutions," *International Organization* , Vol.58, No.3 (Summer , 2004) , pp.425-457.

際社會化的橋樑?以及,國家行為者為何服膺於上述的懲戒機制?做者皆未明確說明。當然,Schimmelfennig 的論述提供研究者對於國際社會化概念的理解,但並未將此一概念予以操作化,亦缺乏機制運作的具體實證,這也讓後進的研究者,對於國際社會化的主體性意涵,難以從而獲得啟發。

此外,對於國際環境所形塑的信念與規範,如何在國家行為者之間形成共識?這一觀點對於國際社會化核心價值的形塑,產生決定性的影響。Schimmelfennig 認為國家行為者基於理性的思維與抉擇,將國際規範與信念,轉化至國家內部的政策機制之中,其中,國際組織扮演著媒介的功能與角色。不過,對於國際組織如何發揮其導引會員國或非會員國服膺國際社會所建構的規範與信念的歷程,論者僅分析參與國藉由國際組織所呈現的場域來執行獎勵與懲戒的機制,藉以說明該等國際組織的作用,卻未解釋上述的機制如何有效的促使參與國內化國際規範與信念。

再者,國家行為者的理性思維與抉擇,應符合其國家利益的目標,所以,透過國際組織扮演社會化媒介的運作模式必須符合幾個前提,第一,扮演國際規範與信念傳遞媒介的國際組織,其所象徵的核心價值需為所有行為者所共同認同,而且透過上述的規範,可穩定國際社會的安定,甚至更加鞏固,亦即,共同認知的產生乃在於維繫形成共同利益的國際環境。第二,國際組織所採行的獎勵與懲戒機制,能否確實的約束每一個參與者,將是共同利益能否維繫的關鍵。

準此,Schimmelfennig 對於國際社會化的論述提供後進者一個概念化的意涵,但缺乏操作化的要素,雖然將國際組織的角色定

位，卻也缺乏對其運作層次上的經驗實證。不過，對本書在概念的
演繹與分析變數的建構上，提供可供操作化的理論建構基礎。

貳、對於 Kenneth Waltz 概念的批判

Waltz 認為國家行為者透過社會化的歷程使其「涉入國際體系
的範疇」之中，使得國家行為者之間變得相似，亦取得體系成員的
身份。不過，Waltz 並沒有進一步說明社會化的歷程如何促使其所
論述的「結構」成形？國家是否如同個人在政治社會化的過程中，
會受到媒介的影響？以及更核心的問題在於，Waltz 所闡釋社會化
的主體性為何？

此外，對於 Waltz 所提出的「結構」與「體系」的概念，給予
筆者一個理解國際社會化的維度。藉由社會化的過程，使得行為者
之間的同質性增加，並透過規範的約制達成彼此間一致性的標準，
以利於行為者之間建構出「結構」的態勢，抑或成為「體系」的成
員。不過，促使國家行為者之間建立同質性的前提為何，作者僅以
「成為體系成員」為主要考量，但並未明確說明涉入體系的能動性
為何？從後冷戰時期迄今的國際環境發展可知，國家行為者涉入國
際社會抑或國際體系的目的在於「以合作取代對抗，以競合代替對
立」，維繫國際社會的穩定將有助於行為者國家利益的延續。

準此，Waltz 對於社會化的認知在於「成為體系成員」的過程，
至於「為何」以及「如何」達成此一目標，並未明確闡釋，這卻是
國際社會化過程中所欲探求的核心部分。

參、對於 John G. Ikenberry 與 Charles A. Kupchan 觀點的批判

　　Ikenberry 與 Kupchan 則說明社會化是一種學習將規範與信念傳遞給其他行為者的過程，至於傳遞的媒介則是由霸權國透過次級國家內部的政治菁英社群來進行，而國際社會化主體性的建構乃在於霸權國維繫其霸權地位的優勢而來。兩位作者不僅闡釋國際社會化的目的，也說明其媒介的運作途徑，不過，其論述的社會化過程有其時空的限制。

　　根據兩位學者所提出的假設，國際社會化發生於當國際社會爆發危機，例如戰爭，抑或國家內部統治的正當性產生危機之際，亦即，當國家行為者所處之內部與外部環境產生不穩定的情勢，霸權國在國際層次上，藉由國際規範與規則的建立，並透過社會化的途徑，主導國際社會的成員在其建構的國際價值下，進行合作。在國內層次，霸權國透過該國的菁英社群接納其所建立的規範來化解國家內部的危機，霸權國家所使用的工具則是藉由物質的誘因來激發合作的動能。

　　上述的過程，在現今的國際社會中，包括戰爭行為、國家內部的統治危機，並非常態，兩位學者所引證的實例是以一次大戰後美國所倡議的集體安全制度、二次大戰後美國對歐洲地區以及日本所推動的多邊外交政策，以及英國在其殖民地時期對於印度與埃及的策略，來說明霸權國所主導的國際社會化歷程。不過，對於後冷戰時期的國際社會，並未持續對其所提出的概念進行實證的研究，至此，讓後進者亦無從延續其研究的成果。

　　當然，後冷戰時期的國際社會，在多邊合作、國際建制與全球
治理的架構下，降低霸權國的主宰能力，取而代之的是各成員國之
間的合作來強化同儕間的關係，而非透過霸權國以上下從屬的強制
力來促使其他國家就範，這也與國際關係研究的態勢由單邊主義轉
而多邊合作的趨勢相呼應。

　　此外，在以「合作」取代「對立」的國際環境系絡中，國際
組織的角色更顯現出其重要性。無論是制度的建立與延續、無政
府下的治理模式，國際組織都提供一個可供國家行為者進行對話
與互動的場域，同儕間壓力的展現亦在此一場域中發揮效應，亦
即，國際社會化歷程指標性的變數，Ikenberry 與 Kupchan 都並未
說明。

肆、對於 Martha Finnemore 和 Kathryn Sikkink 概念的批判

　　Finnemore 與 Sikkink 是以國際規範的建立階段來說明國際社
會化進行的歷程。國家行為者之間藉由實質的懲戒機制與同儕間的
壓力驅使著相關成員達成同質性的行為，進而完成社會化的目的。
藉由國家行為者來自於同儕行為者的壓力，以及國際組織與規範網
絡的媒介作用，強化國家的認知與學習過程，開展社會化的進程。
不過，對於實質的懲戒機制的意涵為何，並未確實說明，再者，同
儕國家的壓力所產生的效果有多大？其中是否需透過霸權國的主
導來強化上述的壓力作用？作者都未闡釋。

　　此外，在兩位作者所提出的論點中指出，國際規範建立的第三步驟──規範的內化──是透過國家內部的法律、專家與官僚組織為媒介，將國際規範內化至國家內部的機制之中。促使國家內化國際規範的動力為何？是否如其所言，藉由國家之間的互動所形成的認知與利益而形塑內化國際規範的動能？準此，國家之間的共同利益如何產生？這涉及到相關國家行為者之國家利益的交集，再者，共同利益與國際規範是否會形成互斥現象？這可從實際的經驗可得出推論，以「京都議定書」的簽署為例，其目的在於管制全球廢氣的排放量，以降低因空氣污染所帶來影響全球環境的後遺症，不過，美國卻遲遲不願簽署該協定，這與其國家內部的利益團體反對聲浪有關，更涉及其國家利益的核心價值。所以，當國際社會所認知的國際規範以及共同利益與國家利益的核心價值形成衝突時，孰輕孰重的考量，更是研究國際社會化的焦點，這並未在 Finnemore 與 Sikkink 的研究中，做進一步的闡釋與分析。

伍、對於 Kai Alderson 論述的批判

　　Alderson 指出研究國際社會化的核心議題，即「內化」的意涵以及「規範性內容」的範疇，並透過國家內部的政治菁英與大眾認知的轉變，施展政治壓力影響國家政府服膺特定的國際規範。作者提出「規範的內化」是取決於規範能為國家增加利益的程度而定，亦即，內化的過程並非是行為上的順服，而是藉由國際互動所產生的複雜抉擇方案。

　　不過，對於規範背後所隱含的國家利益認知的交集，則居關鍵性的影響。亦即，並非所有國際規範都能符合每一個國家的國家利益，亦有不符合個別行為者國家利益的國際規範，甚至對於國家利益會產生損害，卻仍能內化到國家內部的規範之中，其原因可能是來自於霸權國家的誘導，抑或同儕行為者之間的壓力，所以，並非全然如同 Alderson 所論述的，「規範的內化」是導因於與其國家利益相符的情境下所產生的。

　　再者，對於國家內部施展政治壓力的角色而言，論者將研究焦點置於利益團體、立法者以及法院，其忽略最為重要的執行者——行政機制，舉凡國家的政策方針與決策機制，均由行政體系來建構大政方向，不過，論者將國家行政官僚視為與國際規範接軌的阻力，對於國家的執政團隊而言，皆以國家利益為其最大的考量，尤其是與國際社會多數國家所推動的理念與規範一致的思維，更是增進國家利益最為直接的方式。在不違背國家核心利益價值的前提下，國家內部的行政官僚體系應是最為支持國際規範與理念的角色，當然，這更隱含著繼續執政的實質考量。

　　總之，Alderson 著重於「內化」的過程，其研究強調國際規範與信念如何在國家內部落實，重視國家內部結構的分析，相較於國際社會的影響，論者則僅以國際制度為主要的重心，對於霸權國、同儕國家的影響、國際制度所涉及的共同認知，以及國際組織的影響程度都並未予以闡釋。

陸、對於 Jeffrey T. Checkel 觀點的批判

　　Checkel 將國際社會化視為國家學習規範與理念的過程，藉由國際制度提供規範運作與實踐的標準，一方面著重國家內部媒介的行為，包括來自於市民社會對於決策者的壓力，以及知識社群與國家官僚機構的學習歷程，另一方面則重視國際規範建立的成因。再者，Checkel 所驗證的歐洲區域規範，有其時空條件的限制，處於後冷戰時期的歐洲社會，透過歐盟的整合、歐元的推動、北約組織與歐盟向東擴張政策的推展，使得國際規範產生變化，進而促使歐洲社會結構的質變。不過，論者所提出影響國際社會化的變數似乎仍未竟全功，第一，市民社會所形成的社會異議，是否與國際社會的規範接軌？知識社群與國家官僚的學習標的是否為國際規範的核心價值？抑或與其背道而馳？

　　第二，國際社會所形塑的規範，僅因時空環境提供動能？根據實際經驗，國際規範與理念的轉化，除了特殊的時空環境之外，霸權國家的主導亦是重要的因素。再者，在國際制度環境的系絡中，行為者間的契約訂定，亦非僅由時空環境提供唯一的考量因素，同儕行為者的壓力亦是重要的衡量指標。第三，互動的行為有其複雜的脈絡，在以「合作」為前提的主軸思維下，國際制度與其相關的契約行為才得以展現，Checkel 並未對此提出深入的分析，僅將「合作」視為時空背景下的必然結果，尤其以歐洲社會為研究的主體，論者似乎簡略一個長期的趨勢分析，「衝突」與「合作」不僅是歐洲社會的常態，更是國際社會不斷演進的能量。

柒、對 Ann Kent 研究的批判

　　根據 Kent 的論述可知，國際組織對於國際社會化的歷程形成助力，一方面，國際組織透過規範、條約的約束來促使國家行為者遵從國際社會所認同的理念，另一方面則是提供參與國家誘因，不僅提昇國際地位與影響力，更可以獲得實質的利益。不過，作者似乎過於強化國際組織在促成國際社會化的角色，尤其是在探討中共的國際社會化過程。

　　首先，中共在尋求加入國際組織的前提必須釐清。對於中共領導階層而言，要其捨棄主權權力勢必得有相當重大的利益獲取，才可能改變其意向，以聯合國為例，不僅成為其成員，更獲得安全理事會永久常任理事國的席次，即為一例。再者，國際組織對於所有會員皆應採取一致性的標準，不論是權利與義務上，都該一視同仁，但中共卻藉由人權議題與民族自決，產生不同的待遇，破壞國際組織的一致性標準。

　　準此，若國際組織對於其成員國出現不同調的標準，將使得制度的規範產生負面的影響力，不僅無法達到互惠的原則，更可能導致其功能不彰，缺乏信度。此外，若因為不同國家而有不同的作法，國際組織將無法發揮其一致性的原則，更無法促成國際社會化的實現，而其所意涵的主體性內容，更無從傳遞。

捌、對 Judith Kelley 研究的批判

　　Kelley 對於國際社會化歷程所研究的實際個案，提供一個明確的運作方式，透過國際制度與組織所形塑的勸服與社會影響力，使

得東歐國家在此種社會化基礎的引導下，調適並改變國家的政策，藉以符合成員行為一致性的門檻。

不過，Kelley 僅以政策產出的結果做為國家進行社會化的歷程，缺少分析東歐國家之所以服膺國際制度與組織的原因，這也顯示出分析國際社會化的歷程，僅由單一面向來解釋，會形成見樹不見林的個案來推論通則的問題。

綜合以上所述，國際關係領域的學者對於國際社會化的概念，提出一個可供持續研究的方向，首先，根據相關學者的論點可知，國際社會化的對象，是以國家行為者為研究標的。再者，國家行為者在社會化歷程所欲學習的則是國際規範、信念與條約規定，以及如何將其內化至國家內部規範之中。此外，從媒介的角度來分析個人與國家的社會化，可發現一些現象，第一，對於個人的政治社會化而言，家庭、學校、同儕團體、大眾傳播媒體等媒介所扮演的角色，被動性的功能較為明顯，亦即，當個人涉入媒介的情境中，與其發生互動後，才形塑出社會化的結果。對於國家行為者而言，在進行國際社會化的過程中，媒介的角色就顯現出主動性。透過國際制度、規範、規則的建立，使得被社會化的行為者（國家），需達到門檻抑或完成內化，才能獲得認同，進而取得身份與資格，達成社會化的結果。

最後，對於國際社會化的主體論述，學者們並未明確闡釋，亦即，在國際社會化的歷程之中，為何能促使國家行為者服膺國際規範與信念？僅只是來自於霸權國家或同儕國家間的壓力？抑或畏懼懲戒機制的效力？還是利益評估使然？這些都無法在上述學者的論述中得到解答，欲求此一概念的釐清，必須從國際關係的理論中理出脈絡，並為國際社會化找尋理論的架構與系絡。

第三章 國際社會化的理論成因

　　根據對於相關學者在國際社會化概念的論述可知，學者的論述多集中於概念的闡釋，將國際社會化視為國家行為者對於國際規範、信念產生認同的過程，並將此一認同轉化為實際的經驗呈現。亦即，藉由內化的歷程，將規範、信念抑或條約規定，轉變成為國家內部規範體系的一環，使其延續效力，進而達成國際社會化的過程。

　　當然，分析上述學者的論點可知，對於國際社會化的實質內容，皆缺乏主體性的論述，這也使得學者們所提出的概念，仍缺少可供建構理論的經驗指標。以個人的政治社會化為例，透過政治社會化，政治文化得以形成代間傳遞，換言之，政治文化的核心價值就成為政治社會化主體性的展現。相對於國家行為者之間所進行的國際社會化歷程而言，就缺乏明確的論述，亦即，學者們即便提出規範的內化、信念與理念的認同，這都不足以解釋國家行為者之所以進行社會化的能動性，不過，若從國際關係理論中對於「合作」的論述來進行分析，應可強化並補充國際社會化主體性的論點。

第一節　研究國際合作途徑的啟發

在國際關係領域中，對於「合作」的概念，皆由無政府的狀態之下來進行思維的起始點。傳統現實主義論者（classical realists）的主張在於，國家是國際關係中唯一有意義的分析單位，基於「安全」的考量，國家行為者透過理性的行為來達成其目的——極大化其自身利益。至於「合作」，現實主義論者認為只有當「安全」不再是主要議題時，抑或「合作」的利益是與國家安全相關時，國家行為者之間才會出現「合作」的可能，即便如此，國際合作與制度以及規則也只是反映出國際社會的權力結構。

新自由制度主義論者關注於國際政治經濟（International Political Economy, IPE）與環境議題，認為權力與資源分配的衝突並沒有比存在於行為者之間的潛在共同獲利來得重要，國家行為者在權衡利弊得失之後，基於理性的思維，藉由制度性的機制，彌補因功能性失靈所形成的影響，亦即，訊息的不完整、行為者之間誠信的問題以及交易成本過高所造成的影響。準此，代表國家行為者之間功能性的合作機制——國際制度（國際建制），建構起國際合作的運作模式，當然，此一模式更開啟國家行為者間進行學習的歷程，包括規範、條約的約束，共同利益認知下的訊息交流。

檢視國際關係理論的系絡得知，不同的理論學派對於「合作」的命題皆有不同的論述，這對於本書所要研究國際社會化的主體論述，都將形成關鍵性的分析結構。以下便從分析相關學者對於「合作」的意涵為起點，剖析並建立本書對於「合作」所採行的定義，再以此一定義來分析新現實主義、新自由制度主義、建構主義以

及社會制度主義對於國際社會化主體性的結構，建構出其理論的
架構。

壹、「合作」的概念

何謂「合作」？根據 Robert A. Nisbet 的說法，「合作」是指行
為者為了達到某些目標而採取的聯合或協調性的行為，而在合作
中，存在著獲取共同利益報酬的希望。[1]John Ralws 則是從社會合
作的角度分析合作的構成要素，他指出（一）透過合作可區分出單
純的社會性協調活動，例如，區分出藉由某一中央權威機構所頒布
的命令來進行協調的活動。（二）合作是由公認的規則與程序來指
導的，對於進行合作的行為者而言，不僅認可這些規則與程序，更
相信這些規則與程序能適切的調整彼此的行為。（三）合作包含著
公平合作要素的理念，這些要素是每位參與者都需接受的，其中，
更規定了互惠（reciprocity）的理念。[2]

Robert Axelrod 是基於利己的動機下，從囚徒困境（prisoner's
dilemma）的賽局來分析合作的可能性。對於身處囚徒困境賽局的
行為者而言，必須在幾種情境下做出選擇：第一，對於其他行為者
的意向，存在著資訊不完整的態勢。第二，對於每一位行為者而言，

---

[1]　David L. Sills, *International Encyclopedia of the Social Science* (New York，
　　NY：The Macmillan Company　&　The Free Press，1968)．pp.384-387.

[2]　轉引自蘇長和，《全球公共問題與國際合作：一種制度的分析》。上海：上
　　海人民出版社，1995，頁 65-66。

最佳策略是採行不合作的態度,而希望其對手採取合作的態度。第三,若此一賽局是一種重複賽局(iterated game),則必須考量「以牙還牙」(tit-for-tat)的成本。[3]不過,獲取資訊需要耗費成本,況且從中的獲益並不一定高於成本,這對於個別行為者而言,會造成決策上的困境。再者,每一行為者皆期望藉由對手讓步而產生對自身的獲益,結果在資訊掌握不足的情形下,所有參賽者皆採取不合作的態度,反而產生次差的結果。當然,這種不合作的態度若發生在重複賽局的情勢下,將會造成對手在不同領域的報復行為,其結果將直接導致整體環境的不穩定。準此,行為者在上述的情境下,基於資訊不完備、對手的潛在報復因素,產生相互合作的因子。

此外,Robert O. Keohane 則區分和諧(harmony)與合作的差異性。他認為和諧是一種狀態,在和諧的狀態下,行為者需要對利益完全的認同,而其所採行的政策(追求自身的利益而不考慮其他行為者)能夠自動的促使其他行為者實現其所追求的目標。至於合作,需要透過談判的過程(政策協調的過程),亦即,合作產生於包含衝突與利益互補的混合情勢之下,行為者藉由政策協調的過程,將自身的行為調整至與其他行為者的實際與預期偏好一致時,就會出現合作的態勢。再者,合作可透過正式的形式:當一個政府所採行的政策亦被其他政府認定為與自身目標一致時,政府之間的合作就會產生,抑或心照不宣(tacit)以及強制執行的方式來達行。[4]

---

[3]　Robert Axelrod, *The Evolution of Cooperation* (Philadelphia , PA : Basic Books , 1984) . pp.3-50.

[4]　Robert O. Keohane, *After Hegemony : Cooperation and Discord in the World*

而 Helen Milner 提出下列幾種假設來闡釋合作的系絡：[5]

第一，絕對利得（absolute gains）、相對利得（relative gains）以及互惠性的假設。新自由制度主義論者認為，在無政府狀態下的國際社會，一則是每個國家皆尋求自身利益的極大化，二則是對於欺騙的行為並無能力去懲戒，因而達到絕對利得的最適當方法乃是透過「以牙還牙」（tit-for-tat）的途徑來誘使行為者之間相互合作，透過制度與規範的建立，藉以懲戒欺騙者，展現行為者互動下的互惠性，合作因而成為處於囚徒困境中行為者所偏好的策略。

新現實主義學派則重視相對利得的問題，他們認為國際社會在無政府狀態下所呈現的不安全感，導致國家行為者不僅憂心自身的發展（絕對利益），更擔心與其他國家行為者相比的發展能力（相對利益）。Joseph M. Grieco 認為國家行為者在追求自身利益上不只是絕對的（極大化自身的利益）而且是相對的（極小化與其他行為者在利益所得上的差距）。[6]至此，對於合作的議題，引發兩派學者因認知與著重的議題而產生不同的見解，至於孰優孰劣卻是難以評

Political Economy (Princeton , NJ : Princeton University Press , 1984) . pp.51-52；Robert O. Keohane and Robert Axelrod, " Achieving Cooperation Under Anarchy " in Kenneth A. Oye, ed., *Cooperation Under Anarchy* (Princeton , NJ : Princeton University Press , 1986) . p.226.

[5] Helen Milner, " International Theories of Cooperation Among Nations-Strengths and Weaknesses," *World Politics* , Vol.44, No.3 (1992) , pp.466-480.

[6] Joseph Grieco, " Anarchy and the Limits of Cooperation : A Realist Critique of the Newest Liberal Institutionalism" in David A. Baldwin , ed., *Neorealism and Neoliberalism : the Contemporary Debate* (Manhattan , NY : Columbia University Press , 1993) . p.129；宋興洲，「國際合作理論與亞太區域經濟」，《問題與研究》。台北，第 36 卷第 3 期，（1997.3），頁 35-36。

斷,不過,國家行為者衡量自身利益,完全依照其所面臨的國內、外環境情勢而定。亦即,國家之間是絕對利得抑或相對利得的合作關係,必須針對所處之議題、環境、參與的國家及其實力等因素加以分析,才能得到較佳的詮釋。

第二,行為者數目的假設。當參與某一議題領域的行為者增加時,合作的動能會因參與者增加而越益複雜,包括資訊的交流、交易成本、利得的分配問題等,都可能導致合作的阻力增加,進而降低合作的可能性。不過,當參與的行為者增加,亦提供較多的交易與外溢的效果,尤其在相對利得的環境系絡下,行為者皆希冀藉由建立聯合的型態來減少敵人,以便強化保護自身的可能性。

第三,重複賽局的假設。基於行為者對於未來互動的期望,尤其相信在未來彼此之間將可能形成無限的接觸,而欺騙的行為將會在未來的互動中,產生報復的可能,基於維繫行為者之間的良性互動,強化合作的態勢是最佳的策略。

第四,國際建制的假設。藉由一套概括行為者期望的規範、規則、規定以及決策程序的國際建制來強化合作的動機,此一部份將於後文再行說明。

第五,知識社群(epistemic community)的假設。根據 Peter M. Hass 的說法,所謂的知識社群乃意指:「在特別領域中被公認具有專業知識與才能,並在其所專長領域中得以權威的主張政策與相關知識之人士所形成的專家網絡」。[7]藉由知識社群在行為者之間進行談判時所提供的資訊與外溢效果,將更形強化協議的建立。

---

[7] Peter Hass, " Introduction : Epistemic Communities and International Policy Coordination," *International Organization* , Vol.46, No.1 (Winter , 1992) , p.3.

　　第六，權力不對稱（power asymmetries）的假設。此一概念近似於霸權穩定理論（Hegemony Stability Theory），亦即，國家權力較強的國家，透過利益的提供來誘使其他國家進行合作，藉以促成行為者之間合作的態勢。

　　從以上的論述可知，行為者之間的合作關係，應是處於分散化、缺乏有效的制度與規範約束下開展的。再者，國家行為者之間泰半處於文化背景相異、地理鄰接性低的情形，因此，彼此之間要發展合作的契機，不僅要充分瞭解成員之間的動機與意圖，更要克服訊息不充分的問題。亦即，無論合作是屬於雙邊抑或多邊的形式，透過持續性的往來與接觸以及交換和傳遞與合作目標相關的訊息以強化行為者間的互動，都能促成合作的實現。準此，制度性的規範就扮演行為者之間能否深化合作契機的角色，更提供行為者之間接觸與對話的場域。

　　不過，此種合作關係的開展，需解決訊息不完備的問題，所以制度性的機制就扮演著訊息流通的場域，而國家行為者再透過成本與獲利的理性分析，採取與其他行為者合作的策略選擇。這種合作關係，成為國際社會常見的模式，而國際制度、國際組織以及相關衍生的治理議題，亦是其核心的經驗性指標，這也提供本書分析國際社會化主體性意涵的重要分析途徑。只是，筆者更想探究的焦點在於，國家行為者之間僅從國家利益的角度來發展合作的模式，是否過於簡化？依據個人在政治社會化過程的經驗分析可知，政治文化對於個人所形成影響，是政治社會化賴以延續的關鍵因素，準此，國際社會是否也存在著國際文化的因子，使得個別國家行為者在文化的認同下，發展出國際合作的行為模式，而非只有利益的考

量而已。所以，本書將從另一個層面來理解合作的意涵，建立起分析的指標。

貳、國際社會化下的「合作」構成要素

　　由上述學者對於合作概念的分析可知，形成穩定國際合作的關鍵因素包括：第一，國家行為者之間認知到彼此的互賴關係與決策都得視對方的條件而定。第二，任一行為者應具備對其他行為者決策的監督與及時反應的能力。第三，基於對利益的長期考量。第四，調適合作與背叛之間獲利的差異性。第五，霸權國家與國際制度的角色。

　　準此，不論現實主義論者抑或新自由制度主義論者皆闡釋國際合作的工具性，尤其是國家行為者處於多極國際體系的環境下，彼此之間因不同議題而形成互動，進而產生複合式互賴（complex interdependence）的關係，[8]基於霸權國、同儕行為者以及長期利益

8　所謂「複合式相互依賴」的概念，乃是由 Keohane 與 Nye 根據後冷戰時期所發展的情勢而提出的國際關係理念。根據他們的說法，複合式互賴具有三個主要的特點：第一，為多重管道的聯繫。這包括政府菁英間的官方關係、非政府菁英間與國際組織的聯繫，以及外交部門的正式安排，與跨國組織（多國企業與銀行）的交流等，這也基於通訊科技的日新月異，更加強化此一趨勢的開展。第二，則是國家間議題層級的消失以及變更具多樣性。這意味著國家之間各類問題並無等級之分，而且，議題本身也呈現出多樣性的態勢，亦即，軍事安全已不再成為國家之間最為重要的議題。第三，在複合互賴居主導的架構下，政府不再以軍事力量做為逼使他國就範的工具。由於互賴關係帶來當事國的利益獲得，若終止此一關係將使得當事國付出更多的代價。Robert O. Keohane and Joseph S. Nye, *Power and*

的權衡，達成國際合作的目的。建構主義論者亦提出，透過主體性認知的社會規範結構來分析，強調規範、認同與文化的重要性，藉由安全共同體（security community）的概念來展現其國際合作的意涵，[9]也是展現合作的工具性特質。建構主義論者認為權力結構、國際制度與社會學習，使得國家行為者間產生集體認同、利益一致的態度，建構彼此進行社會互動的機會與基礎，這也是國家行為者之間形成文化認同，抑或稱之為共同價值觀的重要關鍵。

　　亦即，現今國際關係領域對於國際合作的概念與分析，大多著重於工具性成因的解析，強調國家行為者之間為求共同獲利，抑或減少自身所應負擔的成本，進而促成國際合作的開展。準此，國際規範亦是在共同獲利的認知下，透過國際合作的運作所呈現出的結果。不過，相關學者對於國際合作的成因雖聚焦於共同利益的認知，卻缺乏分析共同認知的背景，皆認為當國家行為者處於成本與利益的思維邏輯下，透過理性選擇的決策模式，結合對於當下國內外環境情勢的態勢、資訊的分析，做出最符合國家利益的決策，在穩定國際社會情勢能創造更有利的結構誘因下，國際合作便順勢且自動而形成。

　　此種分析邏輯暴露出幾個值得探討的癥結，第一，缺少長期性的分析指標。國家行為者之間所形成的共同利益，或許在許多議題領域中可找連結的策略選擇，但並非是常態性的，因為，國家行為

Interdependence (London , England : Longman Press , 2001) . pp.21-22.

9　Alexander Wendt, " Anarchy is What States Make of It. The Social Construction of Power Politics," *International Organization* , Vol.46 , No.2 (Spring , 1992) , pp.400-401.

者之間的共同利益並非永久存在。更為核心的問題在於，當國家社會成員之間出現共同利益時，為何國家行為者會遵循？或許如同Ikenberry 與 Kupchan 提出霸權國角色所造成的影響，抑或Finnemore 和 Sikkink 所強調同儕的壓力等，但此種闡述仍缺乏國際合作的必然性成因。

第二，共同利益的存在，並不必然會自動導致國際合作。大部分研究國際合作的學者皆把共同利益存在的現實與因之而需要的國際合作會自動形成，劃上必然的連結，這種推論不但過於簡化，更形成個體理性的總和導致集體理性的邏輯矛盾。[10]此外，國家行為者基於理性的分析而做出策略選擇，其最大的考量則來自於國家利益，倘若國家利益與共同利益產生衝突時，該以何種利益為優先？國際合作在此種情境之下，是否順利形成抑或自動運作？相關學者並未深入探討。但是，從學者們對於共同利益與國際合作之間的關連性分析，其隱含著共同利益大於國家利益的認知，即便短期無法產生效力，長期而言，行為者之間的共同利益會大於當下的國

---

[10] 根據 Garrett Hardin 在其「公用地的悲劇」（The Tragedy of the Commons）一文中所闡釋，追求自身利益極大化的個體行動，最終並無法促使整體社會利益達到最佳的結果，再者，當存在社會共同利益之際，個體可能不採取合作性的集體行動去實現共同利益。此外，Mancur Olson 在其著作《集體行動的邏輯》（ The Logic of Collective Action : Public Goods and The Theory of Groups ）一書中指出，從理性和尋求自我利益的為前提可以推論出集團亦會依自身的利益出發而採取行動，這種觀念是不正確的，事實上，除非該集團中的行為者數目少，或是存在具強制力足以使個別行為者依照集團的共同利益行事，否則個體行為者基於理性、追求自利極大化的前提，將不會採取行動以實現集體的共同利益。參見 Garrett Hardin, " The Tragedy of the Commons," *Science* , Vol.168 (1968) , pp.1243-1248 ; Mancur Olson, *The Logic of Collective Action : Public Goods and The Theory of Groups* (Cambridge , England : Harvard University Press , 1965) . p.2.

家利益。不過，如此的假設與推論又形成另一層次的問題，對於民主國家而言，犧牲眼前的國家利益來換取長期的利益，是否為其國家內部的政治機制（包括政黨、利益團體、選民、立法機關等）所接受，將直接影響該國家的對外政策，更對於已進行的國際合作產生關鍵性的作用。

第三，多元國際體系下，象徵中央集權機制的霸權國，對於國際合作的出現，並非兼具充分與必然的角色。部分國際關係學者認為中央集權的機制是國際合作的先決要件，或是霸權國的存在才是國際社會維繫合作的決定因素，這隱含政府機制是組成任何社會生活所必要的條件，包括國際社會在內。但是，這對於國際社會是處於無政府狀態的假設與實際情形，卻是形成衝突的論述。從實際的運作不難發現，即便缺乏霸權國的介入，國際合作仍能在許多議題領域中開展，這可由許多的多邊協議、區域經濟整合機制的運作看出端倪與成效。

不過，筆者認為，更為重要的因素乃在於國家行為者服膺並實踐共同利益所形塑出規範的動因，這必須從類化於政治文化形成的過程來分析。準此，個人在政治社會化的過程中，將政治文化的內涵予以代間傳遞的歷程，方能轉化至國家的層次上，透過國際社會化的過程，國家行為者能將國際社會的主體性文化內涵，傳遞給不同的行為者，並對其產生建構認同的效果。其中，國際合作便是國際文化的主體性內涵之一。

然而，上述所論及形塑共同利益產生合作效果的動因為何？抑或建構國際合作的能動性為何？筆者則是從以下幾點來分析，這也構築出本書對於合作的定義。

一、信念或理念的擴散

信念或是理念，被定義為人類產生行動的可能性，亦被用於解釋政治的結果，特別是政府部門決策。Judith Goldstein 與 Robert O. Keohane 將信念區分為三種類型。

第一種類型為世界觀（world views），不僅深植於某一文化的象徵主義內以及深切的對於思想與論述的形式造成影響，更涵蓋了宇宙論與本體論。[11]此外，世界觀亦將人們的認同、情感與忠誠等概念纏繞於其行為的表徵，更在人們建構其命運的同時，扮演著積極的媒介。

第二種類型為原則性信念（principled beliefs），包括規範性的理念，透過明確的標準來區分對與錯以及公平與不公平。[12]具體而言，此種信念具有道德性的意涵，是存在於行為者之間，經過不斷互動、長期累積的經驗性指標，包括慣例、習慣以及法制化的判例等，都會形塑出規範性的信念，作為行為者在行動與決策之際的考量依據。

第三種類型則為因果信念（causal beliefs），其指涉源自於權威分享一致性認知的因果關係，其目的在於指引個體行為者達成其目標。[13]準此，世界觀與原則性信念構築人們對於人類生活以及道德

---

[11] Judith Goldstein and Robert O. Keohane, " Ideas and Forign Policy : An Analytical Framework," in Judith Goldstein and Robert O. Keohane , eds., *Ideas and Foreign Policy – Beliefs, Institutions, and Political Change* (Ithaca , NY : Cornell University Press , 1993) , p.8.

[12] Judith Goldstein and Robert O. Keohane, op.cit., p.9.

[13] *Ibid.*, p.10.

實踐與抉擇的本質，亦反映出上述信念是天地萬物以及是非對錯的本質。因果信念則是協助行為者從眾多能達成既定目標的方法中，決定何者將是被採行的方案，亦提供行為者推動其目標的策略，形塑問題解決之道。

二、知識（knowledge）

知識意涵資訊的結構，含括技術性資訊與達成協定之理論性資訊，亦即，透過知識的擴散與傳遞，可建構起國家行為者的認知以及形塑其選擇的偏好。此外，國家行為者根據國家內部的轉換過程（blackboxing process），將所獲得的知識透過自我理解的程序，融入政策制訂的歷程中。

根據前述的信念與理念的擴散以及知識的傳遞，將引導行為者改變或維持其行為，如果促使行為者行為的轉變，此一過程則被視為學習的歷程。藉由學習的過程，行為者使用新資訊、新知識所構築的規則與程序，透過不同的工具來完成既定的目標，其目的在於強化行為者之間的合作態勢。而認知主義途徑則是研究國際政治強調理念與知識的解釋變項，透過認知主義的闡釋可理解知識如何在行為者間傳遞，進而形塑出合作的需求，建立國際制度與組織的規範。

認知主義途徑分為弱的認知主義（weak cognitivism）與強的認知主義（strong cognitivism）兩種研究途徑。[14]筆者修正其研究模型，並用以解釋知識的影響力。

---

[14] Andreas Hasenclever, Peter Mayer and Volker Rittberger, *Theories of International*

（一）弱的認知主義

　　弱的認知主義有三個前提：第一，行為者的知識與其在國際互動時的計畫明顯形塑他們的行為與期望。第二，決策者對於科學資訊與其他可信知識漸增的需求。第三，主觀互證對於體制形成與運作所產生的影響。所以，弱的認知主義主要是基於知識的傳遞所形成國家行為者認知的轉變，進而產生新的議題領域，國家行為者從而找尋國家利益，亦促成國家間基於規則基礎的合作需求，最終建立起建制抑或國際組織，之後，國家透過在機制與國際組織內互動，形成反饋的作用，再度促使新知識的成形，又開啟另一波的認知循環過程。（如圖 3-1 所示）

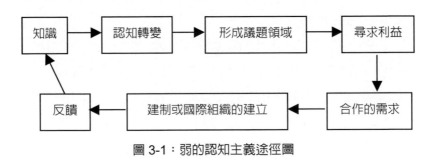

圖 3-1：弱的認知主義途徑圖

（二）強的認知主義

　　強的認知主義透過三種途徑來強化行為者的認知，進而促成合作的態勢，強化建制與國際組織的形成。第一種途徑乃是透過既有

Regimes (Cambridge , England : Cambridge University Press , 1997) . pp.137-169.

的基礎規則所形成的合法性抑或其鑲崁性，建立起建制抑或國際組織。第二種途徑則是基於既有的基礎規則，給予因利益與知識傳遞交疊的行為者，建立起議題領域，強化彼此合作的需求，進而建立建制或國際組織。第三種則是根據既定的建制或國際組織的規範，透過內化的過程，對於行為者產生利益與知識，進而形成議題領域，促成行為者之間合作的需求，最終建立起建制或國際組織。（如圖 3-2 所示）

　　由上述分析可知，知識形塑國家角色認同的共享經驗，亦扮演著強化抑或改變行為者認知的工具，藉由資訊的傳遞，增進行為者建構議題領域的能動性，重塑利益、提升合作的需求，進而建立建制抑或國際組織。

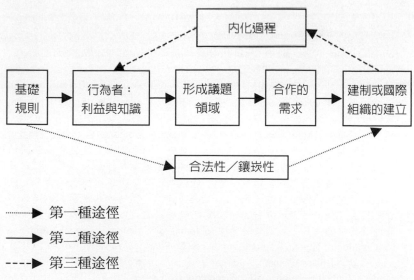

圖 3-2：強的認知主義途徑圖

三、信任的建立

　　根據 Russell Hardin 的說法，信任（trust）是一種利益化約的
形式，意指「A 相信 B 會去從事 X」的三邊關係，[15]此種信任行為
來自於 A 基於知識與信念的認知，相信 B 具有採取 X 的動機，對
於 B 而言，亦基於知識與信念的認知，而採取 A 能預期的 X 行為。
Karen S. Cook 與 Richard M. Emerson 則認為信任是導源於個體行
為者依賴其他行為者以及身處於重複互動的緊密連結網絡之中，因
而對於方案選項所展現的忠誠度，亦稱之為承諾（commitment）。[16]
此外，James S. Coleman、Robert Putnam 與 Francis Fukuyama 等學
者，將信任視為社會資本[17]（social capital）的構成要素之一，強調
信任、規範與網絡是社會組織內能夠形成合作與增進社會效率的要

[15] Russell Hardin, " The Street Level Epistemology of Trust," *Politics and Society* , Vol.21 , No.4 (1993) , pp.505-529.

[16] Karen S. Cook and Richard M. Emerson, " Power, Equity and Commitment in Exchange Networks," *American Sociological Review*, Vol.43 (1978), pp. 721-739.

[17] 本書所引用的社會資本概念，主要是由 James S. Coleman 與 Robert Putnam 的論點所推演而產生，包括以下幾點：第一，社會資本是鑲嵌於社會關係中的資源，此種資源能幫助社會網絡內成員完成某些行動。第二，社會資本藉由規範與義務形塑其道德要素，透過利己目的與不同型態的資本（包括經濟、文化與社會資本）投資來形成其特性。第三，社會資本的概念不僅適用於個體行為者的分析，根據實際經驗檢證，亦可應用於社會與國家等總體層次的分析。相關論述請參閱 James S. Coleman, " Social Capital in the Creation of Human Capital," *American Sociological Review* , Vol.94 (1988) , pp.95-120 ; Robert Putnam, *Making Democracy Work : Civic Tradition in Modern Italy* (Princeton , NJ : Princeton University Press , 1993) . p.167 ; Francis Fukuyama, *Trust : The Social Virtues and the Creation of Prosperity* (New York , NY : The Free Press , 1995) . pp.6-20.

素，其中所謂的信任是指人際信任（interpersonal trust）或是社會信任。當然，其背後則有不同類型的信念支撐。

亦即，從個人層次所展現的信任分析，基於信念的認知（至於是何種信念型態，得視實際情形而定）、頻繁的互動以及交疊的網絡促成合作與提升社會效率，進而鞏固社會組織的緊密態勢。Arron M. Hoffman 則藉由以下幾點的分析不僅將信任予以概念化，更將其推論至國家層次。[18]

第一，Hoffman 認為信任是一種態度，基於身處於某些不確定情勢下的信念，為避免因自身的判斷而損及首要利益（共同利益），所採行控制其他行為者的一種意願。

第二，信任關係的建立來自於當行為者基於信念的認知，同意其他行為者對於利益的判斷將不會損及自身利益，這種國家間信任關係的開展，主要是基於國家領導者的判斷與相關政策制訂委任機制的判斷。

第三，信任關係的強度（intensity）與範圍（scope）是變動的。信任關係的強度意指某一行為者建立在對其他行為者可信賴感之上的知覺強度，亦即，行為者對於受託者（trustee）的信任高於其自身利益，當然，這種強度會因不同議題領域而有不同結果，並非是一成不變的，而信任關係的範圍更是如此。

第四，信任其他行為者亦包括能預期其未來的行為動向。此種預期心理有兩種層面的信念，一則為行為者對於其他行為者的可信

---

[18] Arron M. Hoffman, "A Conceptualization of Trust in International Relations," *European Journal of International Relations*, Vol.8, No.3 (2002), pp.375-401.

賴感是基於其他行為者將不會發生背叛行為的評估，即便他們具有能力；二則是其他行為者的行動會將相關行為者的利益視為優先考量後，才做出決定。

　　由此可知，行為者之間信任關係的建立，信念的類型會對信任關係的強度與範圍形成影響，行為者與受託者之間亦基於信念的知覺而產生信賴感，再者，在維繫與增進社會組織內部緊密關係的前提下，透過成員間信任關係的開展來累積社會資本，更是提升社會效率、促成行為者之間合作行為的重要途徑。準此，行為者對於自身利益或是共同利益的考量，已非最關鍵的要素，隱藏在其行動背後的理念與信念，才是合作行為展現的內涵。當然，理念與信念若缺少行為者之間信任關係的建立，終究無法實現其內涵。

四、勸服的歷程

　　勸服的過程是介於理念或信念轉化成規範結構的媒介。前文所論述的理念或是信念，對於行為者而言，是一種行動的動機，如何讓大部分或是所有的行為者都採取行動，並將此行動的可能性引導至常態，就必須藉由勸服的效果來達成。Finnemore 與 Sikkink 將勸服定義為倡議改變其他行為者的效用功能（utility functions）來反映出某些新的規範性承諾的有效企圖，其目的在於建構新的國際規範。[19]例如，A 國向 B、C 與 D 等國傳達修訂目前條約或承諾的請求，並獲得這三國同意 A 國在既定領域中的調整策略，這種行

---

[19]　Finnemore and Sikkink, op. cit., p.914.

為強調規範性理念形成相互協定的重要性，更進一步闡釋規範在重複行為、社會化過程以及制度化歷程中所展現的社會互動。

Checkel 則將勸服定義為互動的社會過程，其中涵蓋態度轉變的因果關係，行為者透過勸服者所傳遞的訊息，或是討論爭議議題的過程，誘使其在原有的信念、態度或行為上產生轉變的過程。[20]準此，行為者之間藉由勸服的互動過程，促成制度的建立，使得普遍性的規範亦在制度的機制運作下，為所有行為者遵從，更讓行為者間產生學習的動機，強化社會化的歷程。

五、互惠性的連結

互惠性是主權國家之間的行為標準，其目的在於促進合作的開展，行為者藉由承擔互惠性的義務，將社會整體緊密的連結。再者，互惠性因基於偶發性（contingency）——對於其他行為者的獎勵反應是非特定時空條件下的承諾，與等值性（equivalence）——不論交易的內容與退讓的協議為何，對各造行為者都應該是均等的。Keohane 將互惠性區分為明確性互惠（specific reciprocity）與擴散性互惠（diffuse reciprocity）。前者是指在一種特定的情勢下，行為者之間對於交易的項目明確的劃下權利與責任的界線，後者則是行為者遵守一般性的行為標準。[21]再者，行為者涉入互惠性的行為形

---

[20] Jeffrey T. Checkel, " Persuasion in International Institutions," *ARENA working papers* , WP 02/14, pp.2-3.

[21] Robert O. Keohane , " Reciprocity in International Relations," *International Organization* , Vol.40 , No.1 (Winter , 1986) , p.4.

式必須透過制度來建構，藉由制度化的規範來確立行為者之間的合作形式，強化行為的標準化歷程。

六、規範的建立

何謂規範？Axelrod 認為規範存在於一既定的社會環境下，個別行為者用以確定的方式行為以及當並未以此一行為行事時，將遭受懲罰為其適用範圍。[22]亦即，規範意指標準的行為，行為者在違反規範時，會遭受懲戒。Janice Thomson 則認為規範是國家涉入其間的規則，含括所有型態的行為在內。[23]準此，規範涉及行為者權利與義務的行為標準，是一套行為者間所主觀互證的理解，形塑其行為要求，若存在於國家之間，則是以制度、建制的形式產出。

Finnemore 與 Sikkink 則是透過規範的生命週期（life cycle）來闡釋規範，亦即，規範的浮現（norm emergence）、規範的散佈（norm cascade）與規範的內化三個階段。[24]在規範浮現階段，透過規範企業化（norm entrepreneurs），包括國際組織、國家、知識社群、非政府組織等，將理念、信念、知識匯集成說服的工具，使得規範在期間醞釀與成形，再藉由國家、國際組織以及其他網絡，透過社會化、制度化的歷程，在國際政治的系絡下，以雙邊抑或多邊的外交形式，將規範予以擴散，盡可能讓所有行為者都能接收到規範的內

---

[22] Robert Axelrod, " An Evolutionary Approach to Norms," *American Political Science Review* , Vol.80 , No.4 (1986) , p.1097.

[23] Janice Thomson, " Norms in International Relations : A Conceptual Analysis," *International Journal of Group Tensions* , No.23 (1993) , p.81.

[24] Finnemore and Sikkink, op.cit., pp.895-905.

表 3-1：規範形成的階段

	規範浮現階段	規範散佈階段	規範內化階段
行為者	規範的企業化	國家、國際組織、網絡	法律、專家、行政官僚
動機	利他主義、移情作用、理想的承諾	正當性、聲望、敬重、主導權	一致性
主導機制	勸服過程	社會化、制度化	慣例、制度化、法制化

資料來源：作者自製

容與運作方式。最後，透過國家的法律體系、專家意見以及行政官僚機制的運作，將規範內化為國家的慣例、法律抑或制度的一部份，成為國家遵行的規則。茲將規範的形成階段，以表 3-1 表示之。

　　據此，本書對於合作的定義，從理念與信念的擴散、知識的傳遞為起始，到行為者間信任的建立、產生勸服的歷程，進而構築彼此的互惠性，最終至規範的建立，不僅彌補僅基於利益考量而產生的合作態勢，更強化合作之所建立的理念基礎以及學習的因子。再者，根據上述的分析指標可透過多邊主義、國際建制與全球治理來加以闡釋，並從中理解國際社會化建構共同價值觀的途徑。

（一）多邊主義

　　多邊主義乃意指三個或更多國家間根據若干規範運作下的協調關係。據此，John Gerard Ruggie 認為多邊主義乃意指「存在於多個國家間用以協調彼此關係的若干規範」。[25]Ruggie 更申論，成

---

[25] John Gerard Ruggie, " Multilateralism : The Anatomy of an Institutions," in John Gerard Ruggie, ed., *Multilateralism Matters : the Theory and Praxis of an*

功的多邊主義有賴於「擴散的互惠性」（diffuse reciprocity），亦即，每一個國家都必須相信「目前在某些權利的犧牲會產生長期性的回饋」，[26]這也使得每個參與的國家並不會違背其承諾。James A. Caporaso 更提出三個特性來分析多邊主義，亦即，不可分割性（indivisibility）、普遍化的管理規則（generalized principles of conduct）、以及擴散的互惠性（diffuse reciprocity）。[27]其中，不可分割性是指多邊主義所涵蓋包括在地理上與功能上的範圍內，組成單位與行動所散佈的成本與利益的估算，亦即，根據集體安全制度的安排可知，當成員之一遭受到攻擊，就如同所有成員受到攻擊一般。普遍化的管理規則指的是普遍的規範告誡形式，亦即，所有成員在此規範下，皆被平等對待，無歧視性的待遇，並不因個別成員的國家偏好、情勢的急迫性、以及優先特殊範圍而異。擴散的互惠性則是強調在不同議題領域中，參與國（會員）的長期性利益，這也是促使參與成員邁向「合作」的動因。

此外，Caporaso 更進一步提出三個理論的路徑來解釋多邊主義的行為。[28]第一條路徑乃是由個體典範（individualist paradigm）所提供，國家以理性、自利的方式「進入」彼此間的契約關係中，是以國家、國家利益、能力、國家間互動的戰略為分析工具。第二條是社會溝通（social-communicative）途徑，其關注的焦點仍為國家

Institutions Form (New York : Columbia University Press , 1993) . p.8.
[26] *Ibid.*, p.22.
[27] James A. Caporaso, " International Relations Theory and Multilateralism : The Search for Foundations," in John Gerard Ruggie, ed., *Multilateralism Matters : the Ttheory and Praxis of an Institutions Form* (Manhattan , NY : Columbia University Press , 1993) . p.53.
[28] Ruggie, op. cit., p.56-81.

的身份與權力，不過，國家的互動形式涵蓋溝通、勸服、深思熟慮以及自我反思。第三條路徑則是透過制度主義的途徑，強調個體行為者與制度的關聯，以及關注偏好、規範與信念間的關係。

準此，根據多邊主義的規範可知，參與國家藉由犧牲決策的彈性以及短期的獲益，來換取長期的獲利。這其中涉及到參與國著眼於未來獲益的認知，此種認知的維繫，是透過互惠性的規範所達成，而此一歷程則聚合共同利益的認知。

由上述對於多邊主義的定義不難發現兩個核心的概念，就是參與成員（國家）間的「合作」以及「制度」雛形。「合作」是為了協調參與國家間的關係，而「制度」則是用以維繫合作關係的機制，進而達成長期利益的聚合。換言之，多邊主義強調著眼於長期的利益，而誘導參與國家犧牲甚至放棄當下的權利，為了達成長期利益的實現，透過制度性的規範、規則來促使參與國家遵守承諾，這也強化區域主義的發展。

當然，Ruggie 對於多邊主義下的合作之所以在行為者之間形成，乃著眼於長期性的回饋（長期性的利益），而他並未深入剖析長期性回饋的背後，其實是來自於行為者之間所擁有的信念或是理念的共識、信任關係、勸服過程以及互惠性連結等因素的累積所致。Caporaso 所提出的不可分割性主要強調行為者間因地理位置與功能性範圍內互動的信任關係，普遍化的管理規則將信任關係與勸服歷程轉化為制度性的規範，以及擴散的互惠性則是基於理念在國家行為者間的擴散以及彼此間信任關係的緊密結合，勾勒出對於長期利益的期望，透過勸服的歷程以及互惠性的公平待遇，使得合作的關係得以在國際社會的結構中延續。

（二）國際建制的形成

如何解釋制度（institution）？其概念與體制抑或建制（regime）有何差異？對於兩者在概念上的定義，可以廣泛到「意指所有的國際關係或特定議題內的相關事務，或者狹隘到只是國際組織的同義字」。[29]

Hedley Bull 將「均勢、國際法、外交機制、強權國家管理體系以及戰爭」視為「國際社會的制度」，[30]Douglass North 把制度定義為「規則、規則的強制性特徵、穩定人類相互作用的行為規範以及降低不確定性」。[31]

概括而論，Stephan Haggard 與 Beth A. Simmons 對於何謂國際制度提供三種思考的方向：第一類的定義最為廣泛，將制度等同於形式化的行為（patterned behavior），正如 Donald Puchala 與 Raymond Hopkins 所主張的：「只要有某些原則、規範或規則的存在而得以對行為產生形塑的作用，當然，制度可存在於國際關係的各項實質議題中，甚至於強權間的競爭」。[32]

[29] Arthur A. Stein, " Coordination and Collaboration : Regimes in an Anarchy World," in Stephen D. Krasner ed., op. cit., p.115。

[30] Hedley Bull, *The Anarchical Society* (Manhattan , NY : Columbia University Press , 1977) . p.74.

[31] Robert O. Keohane, " International Institutions : Two Approaches," in Robert O. Keohane, ed., *International Institutions and State Power : Essays in International Relations Theory* (Boulder , Co : Westview Press , 1989) . p.163.

[32] Donald Puchala and Raymond Hopkins, " International Regimes: Lessons From Inductive Analysis," *International Organization* , Vol.36, No.2 (Spring , 1982) , pp.246-247.

　　Puchala 與 Hopkins 更歸結出國際制度的五大特徵：第一，制度本身是主觀的，是作為參與者對於合法性、適當或道德行為的理解而存在。第二，國際制度應包括有關何為正確的決策程序的原則規定。第三，制度的描述除了包括其原則性的特質，還應含括禁止越矩行為的規範。第四，每一種機制都擁有一套進行實際操作的菁英。第五，只要在議題領域中存在可辨識的模式化行為，機制則存在於國際關係中的任一實際的議題領域之中。[33]

　　第二類的定義則較為嚴謹，即「國際制度是國家間為規範某特定議題內的國家行為而產生的多邊協定，並以明文規定來界定國家的行為範圍」。[34]第三類的定義則是一般研究者所共識的定義：

　　「行為者對國際關係特定的期望所聚合明顯或不明顯的一套原則、規範、規則及決策程序。原則是對於事實、因果關係及公正的信念。規範是就權利及義務角度而定義的行為標準。規則是對行動的特定規定或禁止。決策程序則意指決定或集體抉擇時的一般慣例」。[35]

　　John J. Mearsheimer 則認為「制度」乃指一套能規定國家間相互合作與競爭的規則，這些規則是透過國家間的談判來達成彼此接受較高規範的權利與義務的約束。[36]Keohane 認為「國際制度」是

---

[33] *Ibid.*, pp.246-247.

[34] Stephan Haggard and Beth A. Simmons, " Theories of International Regimes," *International Organization* , Vol.41, No.3 (Summer , 1987) , pp.493-495.

[35] Stephen D. Krasner, " Structural Causes and Regimes Consequence : Regimes as Intervening Variables," in Stephen D. Krasner, ed., *International Regime* (Ithaca , NY :Cornell University Press , 1983) . pp.1-21.

[36] John J. Mearsheimer, " The False Promise of International Institutions," *International Security* , Vol.19, No.3 (1995) , pp.8-9.

指用以規範行為的權限、限制行動以及影響行為者期望的持久性互動的一套正式或非正式的規則。[37]

James G. March與John P. Olsen將制度視為一相對穩定的規範與規則的集合，藉以定義在特殊情境下對於特別團體的適當行為。[38]透過規範與規則的建立，可以產生幾種效益：[39]第一，規則可以增加特定國家交易的數量。第二，透過規則的實行，可以結合國家在不同議題領域之互動。第三，規則的結構能增加資訊獲得的數量，同時也強化監督的緊密性。第四，規則的另一個重要功能在於降低個別協議的交易成本。

由上述學者對於建制與制度的定義分析可知，兩者皆重視規範、規則的建立，透過規則的運作帶動「降低交易成本」、「降低訊息的不確定性」、「消除外部效果」、「創造合作的條件」。亦即，「制度」或是「建制」，提供行為者一個「場域」，在此場域中，透過規範的建立，提供彼此間合作與競爭的規則，強化行為者間的政策協調與行為的趨同，降低互動成本，進而促使持續性互動關係的延續。準此，在本書中則視制度與建制為等同的概念。

當然，透過國際建制的機制，國家行為者在此一場域中透過規範來強化合作的成效，除了增加彼此間資訊的流通，進一步擴散不同議題領域的合作契機。再者，研究國際建制的學者，藉由國家行為者之間所建立的制度來強化與描述合作的工具性，雖然透過獎勵

[37] Keohane, op. cit., p.3.
[38] James G. March and John P. Olsen, " The Institutional Dynamics of International Political Orders," *International Organization* , Vol.52, No.4 (Autumn , 1998) , pp. 948-949.
[39] Mearsheimer, op. cit., p.18.

與懲戒的規則來強調規範的義務層面，使得行為者之間從制度的場域中獲得與累積相互合作的條件，卻還是缺乏闡釋為何國家行為者服膺制度運作下的共同利益。準此，依據本書所定義的合作要素，更可以清楚的理解，國家行為者之間，在國際社會中所蘊含的理念、信任關係、勸服歷程與互惠性擴散等因素的結合之下，形塑國家行為者間強化對於共同利益的認知與實踐，國際合作才能在降低交易成本、減少因訊息不確定性所造成的誤判情勢下開展。

此外，進入全球化浪潮下的國際社會，合作的態勢亦由制度的建立與維繫，跨入「無政府狀態下的治理」趨勢，亦即，「全球治理」延續國家行為者之間合作的動因。

（三）全球治理（Global Governance）

冷戰結束之後，隨著全球化浪潮的推展，全球治理儼然成為國際社會所關注的議題，要理解這一個概念之前，必須先釐清治理（Governance）的理論。

根據 James N. Rosenau 的說法，「治理」是由共同的目標所支持的，此目標未必出於合法的以及正式規定的職責，它既包括政府型態機制，同時也涵蓋非正式、非政府型態的機制。亦即，「治理」依賴主體間的重要性程度，並不亞於對正式頒佈的憲法與典章的依賴。[40]

---

[40] James N. Rosenau, *Governance Without Government --- Order and Chance in World Politics* (Manhattan , NY : Columbia University Press , 1995) . p.5.

　　而 R. Rhodes 認為，「治理」意味著統治意義的轉變，指涉一種新的統治過程，抑或既定規則情形的改變，或是統治社會的一套新方法。並由上述的定義，將「治理」區分六種不同治理定義：[41]被視為最小國家的公共服務；如同公司的管理；作為新的公共管理；是一種善治；如同社會控制的體系；是一種自我組織的網絡。

　　Gerry Stoker 則是對於「治理」提出五種主要的觀點：1.治理意味著一套來自於政府卻又不受限於政府的制度與行為者。2.治理意指在尋求社經議題解決方案的過程中，存在界線與責任的模糊性。3.治理意味著在集體行動中各個制度之間的權力依賴關係。4.治理表示行為者的自我治理網絡。5.治理意指處理事情的能力，而且並不限於依賴政府的權力或透過權威發佈命令。[42]

　　隨著全球化時代的降臨，人類生活因之產生重大的變革，其中，最引人注目之一，乃在於政治過程的重心由統治（government）走向治理，從善政（good government）邁向善治（good governance），由政府的統治走向沒有政府的治理（governance without government），從民族國家的政府統治走向全球治理的道路。

　　準此，全球治理就是秩序（order）加上國際性（internationality）。[43]其目的使得世界中的互賴行為者有能力去解決衝突情勢，緩和集體問題及更易於促成合作的態勢，上述涉及兩個明確的政治過程，亦

---

[41] R. A. W. Rhodes, " The New Governance : Governing without Government," *Political Studies* , Vol.44 , Issue (September , 1996) , pp.652-667.

[42] Gerry Stoker, " Governance as Theory : Five Propositions," *International Social Science Journal* , Vol.155 (1998) , pp.17-28.

[43] David A. Lake, "Global Governance : A Relational Contracting Approach," in Aseem Prakash and Jeffrey A. Hart, eds., *Globalization and Governance* (London , England : Routledge , 1999) . p.33.

即，議價（bargaining）與訂契約（contracting）。前者意味著行為者基於成本與利益的考量，對於衝突、合作的議題達成共識，後者則是將議價的結果付諸實現。基於無政府狀態的前提，國家間的議價與契約化過程，都需依照各自國家的利益考量為基準，而在全球範疇的國際社會，基於安全困境、制度維繫、經濟互賴等議題，更顯現出規則制度化的重要性。

在「議價」與「契約化」互動進行的「場域」即為「國際組織」。首先，透過分析國際組織正式的規章、委員會的組成以及條約的制訂，可剖析國際社會如何調和處於無政府狀態下的困境。再者，藉由分析國際組織制度化的過程，尤其是在各參與國國內及國際層次的決策體系的分析，更能明瞭國際社會是如何被治理的，當然，共同目標亦成為參與國家間所凝聚的共識，而全球層次的利益，就成為「治理」的實質內容。

故此，國際組織不但提供行為者進行合作的場域，更使得參與國家在此一場域中，進行國際學習（international learning）。透過此一學習過程，一方面使得參與國家學習到不再藉由衝突為工具，來增進及強化自我的價值，另一方面，則由前述的認知轉變，進而改變其意圖。這必須透過規則、規範來減少衝突，使得國家行為者在學習到建構法制化制度的過程中，獲得更佳的結果。這一概念如同個人在政治社會化的過程中，受到包括家庭、學校、同儕團體等媒介的影響，並從中獲得與學習的經驗與對象，進行增強或改變自身的政治行為態度。

不過，全球治理亦有需處理的問題。第一，藉由非國家行為者對於全球事務的積極參與，能使公共問題凸顯重要性。只是，若從

參與者的互動關係分析，治理的主體以及治理方式就必須更加予以
釐清。此外，當參與者增加而議題範圍與數目亦隨之增加，集體共
識的凝聚亦隨之困難，治理效率亦會隨之緩滯。第二，集體行動背
後所引藏的公共財、及其所伴隨的搭便車與外部效益問題，將直接
衝擊治理的有效性。[44]

　　總之，在全球治理的架構之下，延續著國際建制對於降低交易
成本、減少訊息不確定性的誤判，以及強化無政府狀態下的治理議
題，更形著重於成本與利益的考量，希冀透過國家間的議價與契約
行為來維繫國際合作的能動性。當然，此種國家行為者之間的議價
與契約的建立，仍是基於理念與信念的擴散、信任的關係、勸服過
程以及互惠性的開展作為其背後的核心要素，這也是研究全球治理
的學者們並未觸及與解釋的。

　　根據本書對於合作的定義，合作必須包括理念與信念的擴展、
知識的傳遞過程、信任的建立、勸服的歷程、互惠性的連結與規範
的建立來建構，而多邊主義則是缺乏行為者間的信任關係的建立以
及對於利益的勸服歷程，主要是基於互惠性的擴散作為開展合作的
基礎。國際建制則是重視原則、規則與秩序的強制性特徵，行為者
間缺少勸服的歷程，全球治理則是透過議價與定契約來強化勸服歷
程。不過上述三種合作的型態都已顯示出本書所定義的合作意涵，
亦展現國際社會化的主體性內容。

---

[44] 袁鶴齡，《全球化世界的治理》。台中：若水堂股份有限公司，2004，頁
153-158。

第二節 相關國際理論的結合

透過研究國際合作途徑的分析，一方面提供國際社會化的主體性論述，另一方面則是給予本書的研究，勾勒出與相關國際關係理論延續性的結合更對於建構國際社會化的理論基礎，提供互為主觀（inter-subjection）的驗證。以下便從新現實主義、新自由制度主義、建構主義與社會制度主義的研究途徑，來理解與建構國際社會化的理論。

壹、新現實主義理論的啟發

Joseph Grieco 將現實主義與新現實主義通稱為現實主義，並提出五個主要觀點：第一，國家是世界事務的主要行為者；第二，如果國家不能保護其重大利益或是不能實現其預期目標，則國際環境將會對國家造成傷害，所以，國家如同個別的理性行為者一般，對成本非常敏感；第三，國際無政府狀態是塑造國家動機與行為的主要力量；第四，無政府狀態下的國家行為者，將安全與權力視為優先要務，因而彼此間會產生衝突與競爭，即使面對共同利益，也不易形成合作；第五，國際建制對於合作的展望幾乎不具影響力。[45]而本書亦採納 Grieco 的區分方式作為新現實主義論者的觀點。

再者，新現實主義理論的基本前提在於，國際體系的存在是由互動因素所構成的，國際體系的結構（意指系統構成單位的排列方

---

[45] Grieco, op. cit., pp.118-119.

式）則決定著所屬成員之間的政治關係。Waltz 根據結構的構成特性（層級的或是無政府狀態的）來定義結構。此外，他藉由明確的行為者功能的方式來界定結構，亦即，系統越是層級分明的態勢，行為者的功能差異就越大；系統的無政府狀態越是明顯，行為者的功能就越相近。[46]準此，由於結構的存在，無政府體系是核心前提，是體系內的單位（行為者）需要依賴特定的結構安排來確保其生存與安全。所以，依照 Waltz 的論點，結構是制約政治行為的要素，據此，在以自助原則為基礎的國際體系中，國家行為者將會採取以下的策略：對內致力於提昇政治、經濟與軍事實力並制定有效的戰略政策，對外則是爭取與其他國家行為者結盟、以及調整互動關係。

從以上論述可知，國際體系的存在是來自於其所屬成員的互動所形成的結構所決定，此種結構更是非體系行為者所欲參與的目標。至於如何達到涉入體系結構的目標，社會化過程就提供行為者間達成功能性趨同的途徑，其目的在於成為某一體系的成員，開展與其他行為者的結盟關係，保障自身的安全。新現實主義論者並不認為此一過程為合作的契機，而是國家行為者間基於利益與成本的估算所做出的理性策略，其目的在於促使國家之間提升相似性（sameness），並接受所謂「國家行為的規則」（the rules of state behavior）。

此外，Waltz 認為國家行為者在面臨合作時所考量的重點，主要是來自於競爭的壓力，一方面在於如何劃分收益的問題，另一方面則是「誰會獲得更多」的問題。如果利益的分配是不均等的，獲

---

[46] Waltz, op. cit., p.93-101.

益較多的一方就可能透過相對較高的收益去執行一項會損害或毀壞另一方的政策。只要行為者之間存有上述的心態，即便藉由合作能創造出絕對利得的前景，行為者仍會望之卻步。[47]

由上述可知，Waltz 的論點侷限在兩個方面，一是總體結構的分析，二則是著重於國家間物質資源的差異性。亦即，在他的分析模式中，國家學習互動的行為是基於霸權體系的緣故，而非來自於個別國家行為者之間的互動，所以，Waltz 既未考慮到國家有其不同的社會認同與角色扮演的認知，也未體會其鑲嵌於不同社會關係網絡之中。

另一個新現實主義理論的重要核心乃在於霸權穩定理論，該理論是由 Charles P. Kindelberger 所提出，而由 Robert Gilpin 加以完備。Kindelberger 在研究 1929-1939 年間的國際情勢發現，世界性的經濟大恐慌發生的主要原因是因為缺乏霸權國的緣故所致，在當時，英國的霸權影響力正在衰落，英國已無力保障國際清算體系，而美國則在 1936 年以前一直都不願意承接英國所背負的責任。[48]亦即，世界經濟想要保持穩定，必須擁有一種「穩定器」，某個國家要能夠替虧本商品提供市場，讓資本穩定流動，而當貨幣制度陷入困境時，該國家能為清償能力建立貼現的機制。[49]所以，霸權國必須掌控原料、資本與市場，並透過這些權力資源，掌握領導其他國家的手段。

---

[47] *Ibid.*, p.105.

[48] Charles P. Kindelberger, *The World in Depression 1929-1939* (London , England : Allen Lane The Penguin Press) . 1973 , p.28.

[49] Charles P. Kindelberger, " Dominance and Leadership in the International Economy : Exploitation, Public Goods, and Free Riders," *International Studies Quarterly* , Vol.25 (April , 1981) , p.247.

此外，Gilpin 則認為共同利益的形成，來自於霸權國的影響力而論。霸權國藉由利用自身的影響力（實力）建立起國際建制，亦即，在既定的議題範疇內，經濟活動的期望聚焦於原則、規章與決策程序。為了限制衝突，確保和平以及創造和諧的環境，藉由國際建制來規定合法行為，並禁止非法的行為。[50]準此，霸權國不但具有建立國際建制規範的影響力，更具有促使其他行為者進行學習國際規範的能力以及主導國際合作的實現。

所以，從新現實主義理論的論點可知，國家是國際體系內的主要行為者，基於利益極大化的考量，在無政府狀態下，透過成本的估算，進行與其他行為者的互動關係，藉以維繫與保障自身的生存與安全。對於國家之間的社會化過程，認為是一種自發性的意圖，其目的在於成為國際體系下的結構成員，使得彼此之間功能性的差異降低，進而變得相似（alike），當然，霸權國的影響力更是不在話下。

貳、新自由制度主義理論的啟發

新自由制度主義論者在許多層面的探討上，與新現實主義的概念相近。例如，新自由制度主義認為國際體系是處於「無政府狀態」，國家不僅是是主要的行為者，也是自利與理性的行為者，更是基於生存的壓力來決定國家的行為。不過，不同於新現實主義論者的觀

---

[50] Robert O. Keohane, " The Demand For International Regime," *International Organization* , Vol.36 , No.2 (Spring , 1982) , pp.325-355.

點，新自由制度主義論者認為國家在前述的情境之中，需要藉由合作的開展來維繫其自利與生存的需求。準此，國際合作是國家行為之間權衡利弊得失的選擇方案，這更是處於無政府狀態的國際社會下，國家行為者基於自利的考量進而引導國際建制成形的關鍵。

　　此外，新自由制度主義論者依據國際間日益增加的互賴現象與跨國行為的發展提出「複合式互賴」的概念。所謂「複合式互賴」乃是由 Keohane 與 Nye 根據後冷戰時期所發展的情勢而提出的國際關係理念。根據他們的說法，複合式互賴具有三個主要的特點，[51]基於互賴關係給予帶來當事國的利益獲得，若終止此一關係將使得當事國付出更多的代價。

　　在後冷戰時期的國際社會中，國家之間、政府之間、非國家間的交流管道，呈現出多元性與複雜化的態勢，而且彼此相互交錯，更使得合作的模式出現不同的面向。傳統以軍事力量為優先的議題，已逐漸由經貿、能源議題所取代，這些議題領域也取代意識型態的對立，藉由不同管道間的交流，強化國際社會的動態形式，更進一步促使國際社會成員與行為者間的相互瞭解，緩和不安的氣氛與化解彼此的歧見。藉由「複合式互賴」概念的分析可知，國家與非國家行為者之間的連結與日邊增，國際議題也越益多元化與多樣性，跨國性的互動更構築多重管道的連結，強化國際社會成員的互賴。準此，國際合作的行為與國際建制便因而產生。

　　由此可知，國際建制成為新自由制度主義理論分析的重要途徑（關於國際建制的相關論述，可見前文的分析），這也是對於新現

---

[51] Robert O. Keohane and Joseph S. Nye, op. cit., 2001 , pp.21-22.

實主義所提出「霸權穩定理論」的否證。Keohane 認為，在國際社
會的系絡之中確實存在類似於經濟市場論述中的「市場失靈」現
象，由於市場機制不夠完善，導致對交易各造最為有力的交易行為
無法產生。[52]其核心的問題在於：訊息不暢通、缺乏公證的交易者
信用評比以及因之而形成過高的交易成本，而國際建制便是針對這
些弊病而建立的機制。

　　一個成功的國際建制能夠導引國家行為者的預期，從而強化訊
息的交流、行為者信用評比的建立，藉此能達到降低交易成本的效
益，使得參與的行為者能獲得共同利益的極大化。準此，國際合作
的推展以及共同利益的實現，並不必然需要一個霸權國的存在。再
者，國際建制強化了國家行為者之間的學習，個別行為者透過國際
組織這個場域，將國際規範、條約內容等國際建制的具體約束行
為，導入其行為之中，在達成共同利益，降低成本的理性思維下，
進行國際合作，也踏上國際社會化的歷程。

　　由表 3-3 可知，新現實主義理論與新自由制度主義理論所分析
的國際建制，其重要的分野在於霸權國的影響力，前者所論述的情
境是基於霸權國所主導下的態勢，國際社會維繫秩序與合作的方式
是取決於霸權國的實力，而後者所分析的情境則是在霸權國不在的
多極國際體系下，國際社會呈現出透過多邊的政策協調與共同利益
的認知來促使合作的推動。

　　不論是霸權國主導或是多邊協調的架構，這都對於國際社會化
的分析情境提供重要的環境因素，更對於不同國際體系下的國家社

---

[52]　Robert O. Keohane, op. cit., 1984 , pp.494-495.

表 3-3：新現實主義理論與新自由制度主義理論的霸權觀

分析指標	新現實主義理論——霸權建制	新自由制度主義理論——霸權之後建制	對國際社會化分析的影響
基本分析要素	霸權國的作用	參與協調之相關國家	霸權國與強權國的影響
維持秩序與合作的方式	霸權國的實力	政策協調、共同利益的認知	共同利益的認知
互動型態	兩極	多極	多極互動
對於交涉結果的可預測性	高	低	國際合作的可能性
利害調整的可能性	低	高	促成國家學習的能動性
建制變動的可能性	大	小	國際組織的作用
國家學習的自主性	低	高	促成國家學習的能動性
國際組織的作用	低	高	國際組織提供互動場域

資料來源：作者自製

會化歷程提供分析的變數，進而讓作者在建構理論分析指標時，能更為縝密與完備。

參、建構主義的啟發

　　建構主義論者反對新現實主義理論與新自由制度主義理論所提出的論點，將國家視為一理性、自私的行為個體，在權力結構的限制與規則下追求國家權力與利益的極大化，而國家的決策、行為

與彼此間的互動，均在此一限制的範疇內運作。建構主義論者認為，無論是對國家本身或是國家利益的認同，都是社會化的建構過程，亦即，權力、利益並非是物質性的，而是由觀念所構成，因為權力、利益、觀念三者之間具有結構性關連。

準此，建構主義論者提出幾個主張：第一，觀念、權力與利益具有構成性關係。Alexander Wendt 提出「利益建構權力，觀念建構利益」的觀點。[53]他認為一個國家本身的權力條件不同，對於利益的追求也不同，權力的分配直接決定了利益的分佈，而利益的分佈又界定權力的使用。再者，Wendt 引用社會心理學的解釋，認為利益就是意願（desire），意願則由觀念所構築。根據 R.B.K. Howe 的研究可知，人類的原始意願是不具方向的力量，必須透過信念與觀念賦予其內容，所以，當人們產生追求某對象的動機時，此一動機顯示一種對該追求對象的價值看法，亦即，當行為者追求更高的領域時，包括科學研究、政治競爭與維護世界和平，利益更受到意願所支配。[54]

第二，國際結構主要是文化結構。建構主義論者認為國際體系是一種國際結構，國際結構是由社會構成的，是國家行為者間互動的產物。Ruggie 將國家體系定義為「制度化形式」，鑲崁於地球上政治生活組織的共同實踐與預期的制度化形式，是一種共同信念與實踐互動的產物。[55]Wendt 則從社會學與文化人類學角度出發，認

---

[53] Alexander Wendt, *Social Theory of International Politics* (Cambridge, England : Cambridge University Press , 1999) . pp.96-98.

[54] R. B. K. Howe, " The Cognitive Nature of Desire," *The Southern Journal of Philosophy* , Vol.32 (1994) , pp.182-183.

[55] John Gerard Ruggie, *Constructing the World Polity: Essays on International*

為國際生活的特徵取決於國家彼此間的信念與預期,而這些信念與預期是由社會結構所構成,並非是物質結構,因此,將國際結構視為一種知識分配或文化,是物質結構、利益結構與觀念結構所構築,利益結構與觀念結構都是由文化結構所構築,所以,國際結構本質上是由文化結構所決定。[56]

　　第三,以認同界定國家利益。建構主義論者認為在國際政治中,國家利益是個人意願的擴大,國際共識是個人信念的擴大,國家利益與國際共識具有構成性關連。此外,國家行為者常對於自身的利益並不了解,而國家利益常是國家行為者從國際社會中學習的結果,藉由國際規範的建立,增進國家間對物質世界的共同知識與理解,進而產生類似的行為,這便是社會化的作用。準此,建構主義論者將國家利益是從國際互動以及國際規範中所產生,因此,國家利益被定義為國家在國際規範系絡內對於「何者為善、何者為適當」所做的理解,更是由國際社會所共享的規範和價值觀所形塑。[57]

　　第四,社會學習、互信與集體認同的連結。建構主義論者提出三種可能促成集體認同形成的社會學習,第一是以社會溝通為主要內容的社會學習。此種社會學習的內容包括國家間的貿易行為、外交、民間交流以及軍事合作等,透過社會溝通的社會學習歷程,不僅強化相關國家間的相互溝通、資訊流通以及輸出與反饋的互動,也增進共同體與地區整合的進程。[58]第二是伴隨制度化而行的社會學習。

Institutionalization (London, England : Routledge , 1998) . p.131.

[56] Wendt, op. cit., pp.139-156.

[57] Finnemore, op. cit., pp.3-10.

[58] Emanuel Adler and Michael Barnett, *Security Communities* (Cambridge , England : Cambridge University , 1998) . pp.6-10.

　　亦即，某些成員國基於共識建立國際建制之後，非該機制的成員國逐漸在外交行為中體會到該國際建制的優越性，希望加入機制運作，並據此制度規範來調整自身的行為，以期達到該國際建制的門檻，進而與之接軌。[59]例如歐盟成員國的擴大，東南亞國協的成員增加等，都是此一學習下的結果。第三則是與權力或權威連結的社會學習。[60]意指某些國家身為建立共同體制度，且身負重擔的核心國，透過觀念的認同與利益的趨同，自願服膺於國際威權之下，以期能建立共同體的價值。

　　第五，Wendt 藉由共同知識來解釋行為者如何克服不確定因素，並依據特定結構協調彼此間相互的期望內容。他認為共同知識涉及行為者相互間對於其他行為者理性程度、戰略、偏好、信任以及外在世界的認知，而且藉以要求「連鎖信念」（interlocking beliefs），[61]並非僅是各自擁有相同的信念。這種連鎖關係使得共同知識與由共同知識構成的文化型態既有主觀又有主觀互證的特徵，亦即，其主觀來自於構成共同知識的觀念是產生於行為者的腦海之中而表現於意圖的行為，而這些信念必然為其他行為者所認知，主觀互證的現象便順勢而生。[62]

　　第六，建構主義論者認為權力結構、國際建制與社會學習給予互信與集體認同提供社會互動的契機。互信是一種社會建構，當國家行為者不確定其他國家的意圖之際，仍堅信他國會遵循現存的共

---

[59]　郭樹勇，《建構主義與國際政治》。北京：長征出版社，2001，頁 217-218。

[60]　同上註，頁 218。

[61]　Rajeev Bhargava, *Individualism in Social Science* (Oxford , England : Clarendon Press , 1992) . p.147.

[62]　Wendt, op. cit., pp.157-164.

同規範，是基於長期互惠與實際互動經驗所形成，這也可以降低欺
騙的行為，解決互信困境（行為者擔心因自願信任與認同而被同儕
行為者欺騙）的情形。

　　由以上分析可知，建構主義論者建構觀念、權力與利益三者的
連結關係，並從而展現國際結構的意涵。國家透過社會學習歷程強
化社會互動並增進對於國家利益的認知，再者，此一學習歷程提供
互信與集體認同的基礎，國際社會便在這些結構中維繫，進而體現
文化結構的國際體系觀。

肆、社會學制度主義理論的啟發

　　社會學的制度主義源自於社會學中「組織理論」（organization
theory）的領域，探討人類的鑲崁性（embeddness）與「制度的同
型主義」（institutional isomorphism）的問題，並從中衍生探究價值、
規範、利益、認同感與信念等制度構成要素的角色。[63]此外，根據
Peter Hall 與 R.C. Taylor 的論述可知，[64]第一，社會學的制度主義論
者對於「制度」的界定比政治學途徑要來得廣泛，不僅將正式的規
範或規則涵蓋在內，亦將認知系統（cognitive system）、認知圖像
（cognitive script）以及提供指引人類行為之「意義架構」（frame of

---

[63] James G. March and John P. Olsen, " The New Institutionalism : Organizational Factors in Political Life," *American Political Science Review* , Vol.78 , No.3 (1984) , pp.734-749.

[64] Peter Hall and R. C. Taylor, " Political Science and the Three Institutionalism," *Political Studies* , Vol.44 (December , 1996) , pp.936-957.

meaning）的「道德模版」（moral templates），視為其一部份。此一界定破除「制度」與「文化」的藩籬，不僅將文化視為制度，基於文化共享的態度與價值的角度來詮釋文化。

再者，透過「文化途徑」來闡釋制度與個人行動的關係。所謂「文化途徑」強調個人的行為並非完全是策略性的，行為會受到個人特有的世界觀所限制，而制度提供行為者認知圖像與模型，並強化偏好與認同。最後，對於制度變遷的問題，社會學制度論者認為，一個組織之所以採行某一制度，其目的在於強化該組織或其成員的合法性。亦即，某一制度會被採行，是因為其價值在文化環境之中為人所重視的緣故，即便此一制度在工具性目標的達成效率不彰，卻仍能持續存在。

此外，根據理性主義制度論者（rationalist institutionalism）的觀點，國際互動起始於行為者對於外生的認同與利益，其行動乃是基於極大化其效用而來。基於國際體系是無政府狀態，且由權力與福利的分配等實質結構來決定的假設前提，並藉以導引出社會化的概念。[65]亦即，透過社會化的過程，使得國際制度化的信念與規範，內化到行為者的認知中。

再者，透過環境特徵與行為特徵的分析可知，理性主義制度論者認為國際社會化的進行，是以霸權國為媒介，藉由既存的制度或是霸權國所建構的規範為其社會化的內容，透過行為者的理性行為，以降低規範操作的成本為考量，藉由外在的學習歷程，來達成維繫結構均衡的狀態，其重要的結構先決條件在於行為者之間存在權力不均衡的態勢。

---

[65] Schimmelfennig, op. cit., pp.112-113.

　　社會學制度論引起國際關係學者的研究興趣，可由以下幾點分析：[66]

　　第一，社會學制度論者強調制度的社會性與認知的特徵，不僅透過體系層次的分析架構來分析國際政治，更提出可供驗證的國際行為的假設命題，也就是國家行為者在行為上的相似性來自於共同全球文化的價值觀。

　　第二，社會學制度論更清楚的闡釋社會結構（social structure），認為不斷擴大與深化的世界文化形成社會結構。

　　第三，社會學制度論者所論述的社會結構涵蓋所有國家的政治與社會層面。

　　第四，社會學制度論合併與內化歷史的變遷，強調國家的目標與行為是由普及的政治觀念與社會規範在既定的歷史時空下產生。

　　準此，Finnemore 提出國際關係的社會結構模型，她將研究焦點放在國際組織在體系中對於進行社會化國家的作用。Finnemore 認為國家是鑲嵌於社會結構之中，被社會化到這樣的層級，傳統的國家概念並無法說明，國際組織的傳授（teaching）角色，隱含著更積極與更具因果關係的特性。[67]她以聯合國教科文組織（UNESCO）將科學革新組織的價值與效用「傳授」給國家的過程為例，闡釋聯合國教科文組織資助科學官僚組織（State Science Bureaucracies）和提供物質利益，並非對創立國家的獎賞，而是提供國家行為者組織創新的新規範，是用以解釋在國際社會中科學與國家之間的關係。[68]

---

[66] Finnemore, op. cit., pp.326-328.

[67] *Ibid.*, p.13.

[68] *Ibid.*, pp.41-46.

　　亦即，國際組織不但藉由提供規則、提供資訊、監督行為與創造決策透明度來促成國家互動，更提供場域給予國家進行互動，塑造國家利益的作用。然而，社會規範與共同價值對於國際政治的行為者，造成不同層次上的利益認知與行為模式的影響。總之，社會學制度論者認為，國際社會化的進行是基於制度的環境系絡，以國際組織為社會化的媒介，透過規範性的制度與共同體的規範為社會化的內容，藉由行為者的規範治理行為，以媒介內部的仿效與學習行為來達成穩定的認知，而其結構的先決條件乃基於價值的共識與道德的權威機制。

　　根據理性主義制度論與社會學制度論的觀點，茲將兩者對於國際社會化的理論與假設的解釋，表列於後。[69]由表 3-4 的分析可知，理性主義制度論者認為社會化的媒介是基於霸權國的影響所致，其過程則是自發性的，其目的在於實踐霸權國所主導的規範，進而形成國際建制。而社會學制度論者則認為國際組織是社會化推動的媒介，其過程的展現是基於制度的建立，進而建立集體的規範與制度作為行為者之間的行為標準。

　　由上述理論分析可知，新現實主義論者認為基於國際社會成員之間的互動結構，建立起國際體系的架構，國際社會化的過程就提供國家行為者涉入體系的歷程，雖然，新現實主義論者並不視此為合作的過程，而是認為國家行為者基於獲利評估所做出的理性抉擇，但是，從成為國際體系成員並接受其行為規則的層面觀之，國際合作的能動性便得以強化。

---

[69] 王啓明，〈國際社會化的媒介分析：以歐洲東擴為例〉，《2002 年台灣政治學會年會暨「全球化與台灣政治」學術研討會》，台灣政治學會主辦，嘉義，民國 91 年 12 月 14～15 日。

表 3-4：國際社會化的理論與假設的解釋

	理性主義制度論	社會學制度論
環境特徵	技術性環境系絡	制度性環境系絡
社會化媒介（機構）	沒有或是霸權國	國際組織
社會化過程	非正式的，自發性的	正式的制度化過程
社會化內容	真實的制度，霸權的規範	規範性制度，共同體規範
行為特徵	理性行為	規範治理行為
過往歷史	規範性的爭論，價值衝突	文化的擴散
結構的先決條件	權力，不對稱的互賴	一致性，道德權威
教導與學習過程	外生性的，強化	內生性的，仿效，模範學習
戰略行為	控制成本降低的規範	無
內化過程	團體層次，依賴穩定的結構均衡	個人層次，依賴穩定的認知

資料來源：作者自製

　　再者，新自由制度主義論者藉由「複合式互賴」的國際情勢，強調多重管道的互動，以及國際建制對於國際合作的重要性，不僅強化國家行為者追求成為國際社會、國際組織成員的目標，更強化國際組織提供國家行為者進行國家學習場域的角色。建構主義論者則是強調觀念、文化結構、社會學習、互信、共同知識與利益對於國際結構的影響，國家透過如同社會學習的歷程強化上述指標的連結性，並藉由國家學習建立互信與集體認同的基礎，而國際社會便在這些結構中維繫，進而展現出文化結構的國際合作態勢。

　　此外，社會學制度主義論者強調價值、規範、利益、認同感與信念等構成制度的標的，國家行為者透過社會化的作用，不僅將正式的規範或規則涵蓋在制度之中，更將符號、認知圖像視為其一部

份,國際關係的社會結構模型亦從而展現。其中,國際組織的作用,不僅被視為社會化的媒介,更被認為具有傳授學習規範與強化國際合作的角色。

從新現實主義、新自由制度主義、建構主義與社會學制度主義的論點可知,國際社會化所體現的主體性,即為國際合作,至於如何成形與運作,不同理論皆有不同的解釋途徑可供主觀檢證,對於本書分析國家行為者的社會化歷程而言,皆有不同視野與角度的啟發。

第四章　影響國際社會化的層次分析

　　在釐清國際社會化概念與理論成因之後，必須進一步探討另一個操作化的結構性因素，亦即，不同層次的媒介對於國際社會化的影響。在國際社會化的歷程中，跨國關係與互動形式以及國內政治的結構、溝通媒介，對於國際規範抑或國際力量如何被內化，甚至形成抵抗國際規範的態勢，形成關鍵要素。在 60 和 70 年代，國際關係領域的學者關注非國家行為者跨國性活動的研究，例如跨國公司和國際非政府組織，亦即，一方面研究全球政治層次上跨國行為者在國際關係中的角色，另一方面則重視國家層次上國內官僚機構、利益團體以及政黨在外交政策形成過程中的作用。準此，國家行為者不僅是國家的行為，更涵蓋國家內部各行為者之間議價與妥協的表現。

　　此外，跨國關係的研究試圖將國際關係與國內政治進行整合，整合的能動性則展現在以下幾個層面，第一，國內結構（domestic structure）。國際權力抑或規範要能影響國內政治情勢的展現，必須使其涉入一國內部的政治體系之中，並能在特定議題上獲得勝出的政治聯盟支持，進而影響該國的決策意向。當然，在不同的國內結構下，國際權力或規範的影響程度亦有不同。如何定義「國內結構」？Thomas Risse-Kappen 將「國內結構」定義為，一個國家的

政治制度、社會結構以及結合兩者的政策網絡。此一概念更含括政治與社會制度中的組織機構與其運作慣例，在法律與慣例中的決策規則與程序，以及鑲崁於政治文化中的價值與規範。[1]

Thomas Risse-Kappen 以三個指標來分析國內結構：國家結構（集權或分權的政治制度）、社會結構（透過意識型態或階級的分裂態勢來分析市民社會內部的緊密程度）以及政策網絡（共識型抑或極化對立型態），並將其分為六種國內結構型態：國家控制型（集權度高的政治制度）、國家主導型（藉由中介組織構築起將社會需求導引至政治系統的管道）、僵局型（國家與社會組織形成高度的極化政體，而且政治文化呈現分配式議價）、統合型（藉由具權力的中介組織，例如政黨來主導政治妥協的議價過程，建構共識型政治文化）、社會主導型（由強勢的社會利益主導，且政治制度屬於地方分權與權力分散）、脆弱型（結合分散的國家制度、低度的社會動員與弱化的社會組織）。[2]

Andrew P. Cortell 與 James W. Davis 則將國內結構視為由「決策權威組織」與「國家─社會關係模式」所組成，並根據決策權威組織的集中程度與國家─社會關係的緊密程度，將國內結構區分為四種類型，亦即，集權式決策但國家─社會關係較為鬆散的國內結構（類型Ⅰ），集權式決策但國家─社會關係較為緊密的國內結構（類型Ⅱ），分權式決策但國家─社會關係較為鬆散的國內結構（類

---

[1] Thomas Risse-Kappen, " Introduction," in Thomas Risse-Kappen, ed., *Bringing Transnational Relations Back In* (Cambridge , England : Cambridge University Press) . 1995 , p.20.

[2] Risse-Kappen, op. cit., pp.20-25.

型Ⅲ）以及分權式決策但國家—社會關係較為緊密的國內結構（類型Ⅳ）。[3]

　　根據上述分類可知，處於類型Ⅰ的國內結構，決策的權威性是集中於政府官員之手，國際規範能影響國家政策的層面是基於權威性官員對於鑲崁於國際制度內所明訂與禁止範疇的接受程度而定。此外，因國家—社會關係較為鬆散的緣故，社會機制與壓力團體對於國家政策方針影響有限，在扮演導引國際規範內化或是抗拒至國家內部的媒介角色上，也失去著力點。前蘇聯的國內結構即是此類型的代表。

　　類型Ⅱ的國內結構，雖然決策的權威性仍是集中於政府官員之手，但是社會機制與壓力團體則擁有影響政策制訂命題的能力，對於國際規範，亦將影響國家政策思辯的方向。亦即，政府官員在制訂政策之際，也將社會團體的利益列入考量，這不但使得社會行為者能求助於國際規則，更能根據上述規則的法制層面引出政府對於國際規則的執行成效。

　　在類型Ⅲ的國內結構中，決策權是分散於政府各個功能性的部門，再加上國家—社會關係較為鬆散，國際規則將扮演影響政府官員的行動與利益所展現出的國家行為。一旦國際規則與規範進入國家政策的命題之中，對於決策團體將產生更深的影響，這主要是導因於政策制訂過程的多元化本質，不過，這並不意味當國際規範併入政策範疇內，就能全然的影響國家政策的產出。

---

[3]　Andrew P. Cortell and James W. Davis, " How Do International Institutions Matters: The Domestic Impact of International Rules and Norms," *International Studies Quarterly* , Vol.40 , Issue.4 (December , 1996) , pp.454-456.

　　而在類型Ⅳ的國內結構下，不但決策權分散於政府內的不同部門，社會機制與壓力團體藉由轉化其對於政策選擇贊同的能力，希冀使其成為國家規則特點的功能。此一類型則以美國內部的社會利益團體對於關稅暨貿易協定（GATT）的贊同，進而形塑美國的貿易政策可以得到證明。

　　由以上學者的分析可知，國家內部的決策機構以及政府部門與社會之間的關係，使得國內結構呈現出不同的型態，這牽動國際規範與理念要內化到國家內部的歷程，影響國際社會化的程度。亦即，國家將國際社會化的主體性內容轉化為國內行為時，國內結構的型態將直接衝擊社會化的開展。舉例來說，若被社會化國家的國內結構是屬於國家控制型，國際規範或理念將由決策機制發揮權威性的作為，完全反映出決策組織的意志，再將結果傳達給社會組織結構遵行。

　　第二，連結媒介（linkage agents）。基於上述的分析可知，國內結構提供外部力量發揮影響力的管道，但是，此一影響力形成過程的媒介為何？在跨國關係與國內政治分析的模式中，連結媒介則扮演重要的作用，更在國際社會化的歷程中，扮演著促使國際規範、信念內化到國家內部的關鍵要素。根據 Rosenau 的定義，「連結」意指一個系統內部所產生能導致另一個系統做出相應反應的週期性行為結果。[4]

　　準此，跨國連結媒介，意指為達成特定政治目標，負起溝通內部政治與外部政治環境的任務，使得價值、規範、新觀念、政策方

---

[4]　James Rosenau, " Toward the Study of National-International Linkage," in James Rosenau, ed., *Linkage Politics* (New York , NY : The Free Press) . 1969 , p.45.

案、商品以及服務能跨越國界鴻溝進行傳遞的行為者，包括跨國公司、國家內部涉及跨國交流的官僚機構、跨政府聯盟、大眾傳播媒體、工會、商會、利益團體、政黨以及知識社群。

誠如 Keohane 與 Nye 所提出在「複合式互賴」的國際關係下，國家間透過多重的管道進行聯繫，這包括政府菁英間的官方關係、非政府菁英間與國際組織的聯繫，亦即，跨國連結媒介扮演中介角色，強化國家之間理念、政策與制度的交流。

第三，國際規範的內化歷程。國際權力或規範在某一國內展現影響力，除透過國家內部制度性管道（國內結構）外，還需依賴其被內化以及在國內取得合法性的過程。準此，相關行政機構的協調、立法機構的立法行為以及政治菁英所帶動的支持等，都是促使國際力量與規範內化與取得合法性的重要分析指標。本章試圖基於上述的分析指標為基礎，並從行政層次、立法層次與非政府層次等媒介層次來進行分析國際社會化如何在跨國關係下開展。

第一節　行政層次

本書所論述的行政層次，並非侷限於國家內部的行政部門，研究跨國關係的互動，不僅考量國家結構，還得分析國際社會的轉變與跨國行為者的作用。所以，藉由分析國際體系的格局、各國領袖之間所召開的高峰會議以及跨政府會議，構築理解國際社會化歷程中行政層次媒介的分析。

壹、國際體系（International System）的結構

國際體系是指國際社會中成員間互動行為的表徵，其特徵大部分決定於國家行為者的類型。國際社會維持穩定的前提在於國際秩序的建立與實踐，國家行為者之間透過社會化的歷程，將國際社會散佈的信念與規範，內化到國家內部的政治系統內，國際體系的鞏固與分裂就成為影響國際社會穩定與否的關鍵。

從國際關係的歷史脈絡觀之，國際社會處於無政府狀態，各國基於生存的理由，可能產生與他國發生利益上的衝突，有些衝突可透過外交途徑解決，有些衝突則可能訴諸武力方式。一旦國家考量使用武力，都必須估算戰爭所形成的代價，若是戰爭所付出的成本高於獲利，國家發動武力的動機就顯得不足。然而，國家間的權力分配與其所擁有的軍事力量，顯現出國際體系中國家的相對權力，更展現出極化（polar）[5]現象的特徵。以下便就兩位學者對於國際體系的分析，來探討國際社會的狀態。

一、Morton Kaplan 的分析

Kaplan 根據基本規則（the essential rules）、轉化規則（the transformation rules）、行為者分類變數（the actor classificatory variables）、能力變數（the capability variables）與資訊變數（information）等五個分析面向分析歷史上已經出現或可能出現的國際體系結構，提出六種國際體系的分析模式：[6]

---

[5] 極化指的是行為者的數量以及其實力分配的狀況，因而展現出國際體系的結構。
[6] Morton Kaplan, *System and Process in International Politics* (New York , NY :

　　第一類為均勢體系（the balance of power system），此種體系是一種沒有政治次系統的國際社會體系，亦即，隸屬於系統的成員國之間不存在政治的從屬關係，彼此之間遵守均勢的規則，[7]且資訊流通不易。再者，在均勢體系之中，聯盟（alliance）是最為常見的國際決策體，政治與經濟談判、國際會議的召開以及國際仲裁即便存在，皆因其特殊性目的，時而短暫，時而無法解決爭議，準此，透過常規的外交過程，給予國家決策者超國家思維的注意力，進而影響其決策。[8]

　　第二類為鬆散的兩極體系（the loose bipolar system），在這種體系之中，存在著兩個對立且鬆散的國家集團，超國家組織成為新的成員，國家行為者除了保有自身獨立的地位，還分屬於某一區域性集團。亦即，鬆散兩極體藉由具有組織特徵的跨國集團展現其功能性，倘若兩大集團是屬於非層級節制式的組織型態，此一體系就近似於「權力均勢體系」。假使兩大集團的一方是採取層級節制的操控方式，另一方則是採行非層級節制的方式，對於前者而言，其成員國將透過威脅的形式去對待非成員國，例如藉由軍事併吞、政治征服等方式來吸收會員國。而對於採行非層級節制的集團而言，

John Wiley and Sons , 1967) . p.21.

[7]　均勢體系的基本規則包括：1.採取行動來增強實力，但寧願透過談判也不願透過戰爭。2.即便採取戰爭，也不願意放棄任何增強實力的機會。3.戰爭以不消滅某一個國家行為者為限。4.反對任何聯盟或單一行為者謀取對體系內其他成員的支配權。5.對主張超國家組織原則的行為者加以限制。6.允許被擊敗或受到限制的基本國家行為者當作可接受的角色夥伴重新加入體系，或設法使某個非基本的行為者升格為基本的行為者。請參閱 Kaplan, p.23。

[8]　Kaplan, op. cit., p.115.

雖然成員國之間是鬆散的維繫關係，卻能夠藉由合作的協定來強化彼此之間的互動。[9]

第三類為緊密的兩極體系（the tight bipolar system），在此種體系中，非集團角色和全球性集團發揮不出作用，體系內部呈現高度緊張的態勢，體系若無法緊密結合，難以保障體系高度的穩定。準此，緊密的兩極體系之所以維持穩定是基於兩大集團內部均採行層級節制的組織結構。[10]

第四類為層級節制的體系（the hierarchical system），Kaplan認為層級節制的國際體系是一個相對穩定的系統，一方面政治團體透過對於資訊管道的控制，凝聚體系內部的向心力，另一方面則是透過指派與獎勵任務來鞏固關係的維繫。[11]

第五類為單位否決體系（the unit veto system），是相當疏離（standoff）的國際體系，體系的穩定是來自於所有行為者抗拒威脅與報復攻擊的意識，亦即，體系內的行為者即便無法防止自身毀滅，也能摧毀侵略與攻擊者。此一體系是源自於核子武器的全面與普遍擴散所形成的相對保證毀滅情勢，藉由可能遭受報復攻擊的威脅，維持體系的穩定。[12]

第六則為全球性國際體系（the universal system），此一體系是由鬆散兩極體系內全球性功能的延伸所展現的國際體系，體系內的每個行為者都認為全球體系能促使行為者之間進行合作，一方面是

---

[9] Kaplan, op. cit., pp.36-39.
[10] *Ibid.*, p.43.
[11] *Ibid.*, pp.48-50.
[12] *Ibid.*, pp.50-52.

基於國際體系中國家次體系的作用，展現在規範其成員國的管轄範疇上，另一方面則是將聲望與獎勵配置給予國家行為者的整合價值結構的功能上。[13]

二、K. J. Holsti 的分析

Holsti 則是根據體系的界限（the boundaries of the system）、構成體系政治單位的特徵（the nature of the political units）、體系的結構（the system structure）、體系成員間相互作用的形式（the forms of interaction）以及調節與支配的規則與慣例（the rules of the system）等五個層面分析出四種國際體系的模式：[14]

第一為層級統治體系（the hierarchical system），其特點在於權力集中於某一單位，命令是由上而下得到執行。此一體系的典範是西元前 1122 年至西元 221 年中國的周王朝，以天子為中心的層級結構所建立的封建體系。[15]

第二是鬆散型體系（the loose system），其特徵是權力廣泛分配於各個獨立的政治單位之中，行為者之間的訊息流通較為普遍，其分析的代表為西元前 800 前到西元前 322 年的希臘城邦，由雅典與斯巴達兩個城邦所形的兩極鬆散體系。[16]

---

[13] Kaplan, op. cit., pp.45-48.

[14] K. J. Holsti, *International Politics : A Framework for Analysis* (Bergen , NJ : Prentice-Hall , 1992) . pp. 23-50.

[15] *Ibid*., pp.25-35.

[16] *Ibid*., pp.36-42.

　　第三為分散集團體系（the separated bloc system），在此體系之中，一方面存在著敵對集團的對立，另一方面則有非集團行為者、不結盟行為者介於其間活動，況且訊息呈現多樣化流通，十四、十五世紀在義大利發展出獨立城邦與王國，即為代表。[17]

　　第四為兩極體系（the two polar system），亦即，外交與軍事權力皆集中於兩大集團的領袖之手，實力相對較小的政治單位服膺於兩大集團所採取獎勵與懲戒措施，一次世界大戰之後與二大戰後至1960 年代的世界體系即為此一體系的代表。[18]

三、Theodore A. Couloumbis and James H. Wolfe 的分析

　　美國學者 Couloumbis 和 Wolfe 結合 Kaplan 的國際體系分析模式，還補充集體安全模式（the collective-security model）、多集團模式（the multibloc model）、國家分化模式（the national-fragmentation model）、後核戰爭模式（the post-nuclear war model）與層級節制模式（the hierarchical model），來分析國際體系的格局。

　　第一是集體安全模式，該模式的特點在於：禁止將軍事力量當成政策執行的工具；無論短期或長期，皆不存在任何聯盟的形式；一國對於他國的侵略將會遭致全體國家的經濟或是軍事制裁。[19]就長期而論，集體安全模式能成為一種相對和平的體系，例如聯合國，在和平解決國際爭端的議題上，彰顯其效率。

---

[17] *Ibid*., pp.42-48.
[18] Holsti, op. cit., pp.52-72.
[19] Theodore A. Couloumbis and James H. Wolfe, *Introduction to International Relations : Power and Justice* (Bergen , NJ : Prentice-Hall , 1990) . pp.49-55.

　　第二是多集團模式，分為兩種類型，第一種類型是指世界被區分為 5-7 個相互排斥的勢力範圍，每一個勢力範圍皆由一個大國所操控的層級節制國家系統構成，大國藉由政治性的安全組織，例如北約組織、華沙公約組織，將其勢力範圍予以制度化。第二種類型則是將世界劃分由區域性的經濟與政治整合發展歷程來區分，這使得跨區域的國家權力不易展現。

　　第三是國家分化模式，導因於國家政治與領土日趨分散的結果，政治行為的單位呈現快速增長的態勢，多民族、多語言、多宗教、多文化等發展不均衡的國家內部政治情勢，對於國家內部的凝聚力形成挑戰，例如加拿大、南斯拉夫、北愛爾蘭、西班牙等國家內的分離主義運動對全球地區所產生的衝擊，導致更多地區出現國家分化的情勢。

　　第四則為後核戰爭模式，據此，我們想像地球在遭受一場災難性的核武戰爭後，約莫五億人死於爆炸、高溫與輻射線，運輸、交通和工業生產都停止運作，地球上所有地區均受到放射線塵埃的污染，到處充斥著傷者與患者瘋狂的搶奪行徑，這給予倖免於難的人們留下難以預測的心理結果。只有最殘暴的政權才能在此一夢魘情境中，維持食物、藥品與避難所分配的秩序。

　　第五為層級節制模式，這是一種金字塔式的國際規範體系，分為兩種類型，其一是透過世界政府的建立來達成，藉由聯合國的結構基礎，輔以聯邦制精神與民主原則來結合。其二則是透過強大的國家對於全球的征服與控制來實現世界政府的理想，如同歷史上的羅馬帝國即是一例。

　　由以上的分析可知，國家行為者之間的衝突態勢主要是由於國際體系所造成的侵略動機使然，這又導因於國際社會的無政府狀態，各國一方面基於生存的理由，另一方面則因資源的有限性，使得國家行為者之間出現利益的爭執。根據 Kaplan 與 Holsti 的分析可知，國際體系常介於兩極對立與多極競合的態勢之間，國際社會化的主體性，亦即國際合作的開展，在不同的國際體系中呈現出不同的面貌，其目的在於凝聚集團內部成員之間的共識，進而穩定該時期的國際社會秩序與安定。

　　無論是兩極國際體系抑或多極體系的國際社會，皆有維繫國際社會穩定的因素。二次大戰結束後，國際體系進入美國與蘇聯兩極對抗的時代，各自組成東、西兩個陣營，相互抗衡，從其對抗的性質觀之，世界局勢會因之動盪不安、戰爭頻仍。但是，反倒是基於單純的兩極體系，使得兩造雙方的行為可預測性相對提高，錯估情勢而發動戰事的機率減少，更會約束彼此從屬國的行為，進而穩定國際局勢。

　　兩極體系穩定的理由在於權力均衡易於維繫，其原因在於，第一，兩造衝突的機會較少，戰爭的可能性低，第二，因為不均衡的狀態較少，嚇阻效益比較容易展現，第三，彼此對於嚇阻的預期較高，誤判的機率小。此外，處於兩極體系的狀態下，藉由兩強的操控，小國必須選擇一方作為依附，外交獨立自主的空間相對壓縮，再者，透過兩極所各自建構的理念，藉由社會化的歷程，傳輸並強化各自集團內的國家行為者，建立與鞏固內聚力的意識型態，展現出同仇敵愾的共識。

　　準此，兩極體系的領導國，透過權力的影響力操控集團內的從屬國，一方面藉由理念與觀念的傳輸、建立層級節制式的信任關係、勸誘式的威逼作用以及互惠協助的提供，藉以建立國際合作的契機，另一方面，透過兩極平衡的維繫，達成權力均衡的情勢，兩造行為者既不會錯估敵對集團的成員數目，也不會產生誤判彼此底線的情勢，這也給予各造集團內部促進國際合作的穩定局勢。

　　然而，在蘇聯解體與東歐民主化的浪潮下，使得國際關係進入「後冷戰時期」。相較於冷戰時期的兩極體系，後冷戰時期呈現出各國實力相對均衡且多國競爭的局面。在多極國際體系之中，因存在多個強權國，潛在的衝突也較多，嚇阻的作用較難展現，強權國之間的衝突更有升級成為危機的可能性，區域性的衝突亦可能演變成為全面性、大規模的衝突。處於多極體系下，基於權力的差距與霸權地位的競逐，權力均衡將難以達成，但基於對於戰爭的恐懼、國家行為者之間多重管道的互動以及議題領域的交迭，使得國際社會成員之間處於交錯且複雜的互動網絡之中，為了維持互動網絡的穩定性，彼此追求集體性的合作模式，進而強化國際社會的和諧狀態。

　　亦即，多極國際體系能維持穩定乃基於集體安全制度的運作。集體安全乃是追求在一種有規則且制度化的情形下，對侵略者做出集體的制裁或防禦，其優點在於對於侵略者能有效的制衡進而能夠促使國家之間的信任與合作。[20]此外，根據經濟規模（economics of

---

[20] 所謂「集體安全」，根據 Charles K. Kupchan 的解釋為：「基於以寡擊眾的理念建構而成，會員國在保有大部份自主權以主導本國外交政策基礎上，共同參與集體安全組織，各會員國加入聯盟，以優勢的武力來對抗侵略者。

scale)的途徑分析,合作是必要的,當行為者間形成一定規模的聯合時,該組織的能力必定高於單一國家,其生存能力亦會大為增加。準此,制度性的國際機制運作,將使得多極國際體系能維繫穩定,更能凝聚國家行為者之間的共識,強化理念的傳遞,開展彼此之間的信任關係,建立互惠性的互動,進而展現國際合作的態勢。

總之,無論是兩極抑或多極的國際體系,成員國家間都會建立起維繫國際體系穩定的方式,其目的均在維持自身生存外,更進一步的強化國際社會的和諧,雖說時空環境的情境迥異,卻仍有普世性的價值需要為維繫,這也是雖然國際體系形成轉變,卻仍能使得國際社會保持穩定狀態的動力。當然,這更是國際社會化能夠展現的重要環境因素。

貳、高峰會議與跨政府會議的作用

綜觀國際政治的歷史軌跡,每當國際社會出現重大議題爭執時,在國際社會的成員國亟思解決之道之際,透過國家領導人或決

D. W. Bowett 指出,集體安全制度必須具備(1)共識:集體安全組織的成員必須對世界和平不可分割具有共識。(2)承諾:各國對於任何地區、任何時間所發生和平之威脅、和平之破壞或侵略行動依承諾給予制裁。(3)組織:包括中央決策機構,有權決定何時及如何動用集體力量。(4)會員普及:參與集體安全制度的國家越多越好,最好全球的國家都參與。(5)權力分散:各會員國權力分配平均,則有利於集體安全的維護,因為各國集體的力量將遠超過潛在侵略者的力量。請參閱 D. W. Bowett, *The Law of International Institutions*. (London , England : Stevens and Sons , 1982) . pp.125-132.

策者間的聚會，針對所欲解決的爭議，提出彼此的看法與建議，共同商議最為合適、爭議性小的方案，是成員國之間最希冀見到的方式。一方面能藉由決策者間的會談，減低因資訊不足而做出誤判的情事，另一方面則是強化國家行為者之間實質的合作契機，增進國際社會建立和諧共存的基礎。

此外，代表國家領導人聚會的高峰會議以及政府決策者之間會談的跨政府會議，在近代國際關係的歷史上，經常完成重大的決議與建立許多影響後世的國際組織，例如，西元 1814 年由英國、俄國、普魯士與奧國所召開的「維也納會議」（Congress of Vienna），透過恢復原狀原則（principle of restoration）——將拿破崙戰爭時所被破壞的歐洲秩序與政治疆界，恢復原貌；補償原則（principle of compensation）——若一國領土無法恢復原狀，則給予相當的補償，以及正統原則——符合當時歐洲各國君主的需要，藉以爭取波旁（Bourbon）王朝的復辟，歐洲均勢與協調制度因而建立。

此外，二次大戰結束之後，國際社會成員一方面對於戰爭所帶來的災害，心有餘悸，希望能夠透過集體的力量阻絕戰爭的爆發，另一方面則是記取國際聯盟（League of Nations）失敗的教訓，希冀建立起具有實質嚇阻與制裁侵略國家能力的國際組織，於 1945 年由 51 個會員國的代表在舊金山會議（Congress of San Francisco）中共同決定成立聯合國（United Nations），負起維持國際和平與秩序的責任，使得聯合國成為二次大戰後最為重要的國際組織。

從以上的分析可知，跨國關係的開展，伴隨著國際政治經濟情勢的發展以及國家之間互動與交往頻仍而深化，尤其是透過國家領

導人與政府決策者之間所召開的國際性會議,更具有決定國際秩序與維繫國際社會和諧與權力配置的決議。再者,高峰會議形成的共識,經常是國際社會或國際組織建構規範的重要基礎,其細節與實行的要點,亦是藉由政府間會議來加以強化與完備,亦即,跨政府會議的召開,有時是根據領導人之間舉行的高峰會議所決議的共識與大政方針為基礎,其目的在於延續各國領導人之間的合作氣氛,將議題領域的探討化為實際的作法;有時則是針對不涉及重大議題的技術議題,透過跨政府間的技術官僚或是相關部門決策者的集體會議,共商解決之道,以避免衝突的加劇或是開展新的合作契機。

此外,此種高峰會議以及跨政府會議的召開,亦是建立起一種溝通的管道,各國的決策菁英階層透過會議所提供的場域,可將理念與觀念藉以傳遞,亦可根據會議所達成規範的運作成效,視為互信建立的指標,更能在彼此對於制度與規範的議價過程中,展現對於主流價值的勸服效益,進而強化互惠關係的積累,促使國際合作的深化,這亦是國際社會化主體性內容體現的過程之一。

根據現今國際社會的實際運作情勢分析,部分國際組織會將成員國家之間領導人所召開的高峰會議,予以制度化,並賦予相當的權限來推動組織整體的發展以及因應國際情勢的變動,其後再藉由政府決策菁英或技術官僚所召開的跨政府會議來制訂實質的立法與實行辦法,進而使得高峰會議的共識得到落實。其中,則以歐洲聯盟(以下簡稱歐盟)的歐洲高峰會議最具成效,以下便以歐洲高峰會的發展歷程與其對於歐盟發展的影響,予以分析。

一、歐洲高峰會議的形成背景與發展

　　二次世界大戰之後，由於全球陷入經濟蕭條的態勢，這使得藉由經濟合作以強化國家利益的形勢，越易明顯。大多數西方國家認為經濟上的弱點會使其內部容易受到共產主義意識形態的威脅，而對外又有來自蘇聯的壓力。所以，經濟合作成為必要，不僅是為了重建西方經濟以及確保經濟活力，而且還可以提供政治與軍事安全。藉由「布萊頓森林體系」（Bretton Woods System）的建立，穩定了國際貨幣體系，使得各國確保了一個穩定與成長的環境，更促成世界經濟的互賴與互動。

　　然而，到 1970 年代，布萊頓森林體制已開始趨於瓦解，國際經濟體系的管理受到嚴重的威脅。雖然已開發國家仍保持政治經濟上的優勢，其他國家卻對國際經濟體系的權力核心提出挑戰，尋求進入管理集團，增加其利益的獲得，就連蘇聯與東歐國家都積極尋求更進一步的參與國際體系。歐洲從 60 年代起，經濟大幅成長，歐體會員國亦增加至十國，組成歐洲經濟共同體（European Economic Community），成為全球足以抗衡美國的經濟聯盟與潛在的政治力量。[21]為了使歐洲的整合能夠擴大與深化，以及因應國際瞬息萬變的情勢，一個傳遞各國意見以及會員國之間凝聚一致的共識，以維持整體的利益機制，便是成員國家所衷心期盼的。對於未來的整合進展，以及增進會員國間相互瞭解與化解對立態度的機制，便有其形成的必要。

---

[21] Neil Nugent, *The Government and Politics of the European Union* (London , England : the Macmillan Press , 1995) . p.153.

　　當時，歐洲共同體的主要決策機構尚無一個機制能讓會員國之間有溝通政策的途徑。例如，理事會為決策技術細節所限以及一致決原則的影響，常導致決策的緩不濟急；執委會在政治事務上並沒有發言權，委員產生方式未經民主程序使其合法性與正當性令人質疑；歐洲議會僅屬於諮詢機關，立法權有待加強。[22]所以，不難看出在共同體時期，其政策欠缺整體性的規畫，整體政策從研擬、制定到執行的過程上，都未能使得會員國對彼此之間不同立場的瞭解與協調上，能有互動的機會，對於共識的形成，似乎是所有會員國對於更進一步整體合作的基礎。

　　基於因應國際情勢的變遷必須採取應變的對策以及強化並加深會員國之間的互動，各國便積極推動國家最高決策領袖的互動，藉由政府領袖面對面的交換意見與立場的表述，瞭解彼此的態度，尊重各自的立場，強化各國的誠意並加速交流，促成互信、互諒、互助，為了整體的發展而努力，以祈求更深、更廣的合作。

　　在 1974 年的巴黎高峰會議中，與會的各國元首，決定將此一模式的互動予以制度化，於是建立了「歐洲高峰會議」的機制。藉

---

[22] 王泰銓著，《歐洲共同體法總論》。台北：三民書局出版社，1997，頁 93；田高，〈歐洲共同體組織機構簡介〉，《中國論壇》。台北，第 32 卷第 4 期（1992.1 月），頁 61-65；杜筑生，〈歐洲共同體之組織及功能〉，《貿易週刊》。台北，第 1287 期（1988.8），頁 18-19；邱垂泰、邱志淳，〈羅馬條約及區域經濟整合理論——歐洲共同體經濟整合理論初析〉，《世界新聞傳播學院學報》。台北，第一期（1991.10），頁 199-216；李深淵譯，〈歐洲共同體的回顧與展望〉，《今日合庫》。台北，第 14 卷第 5 期（1988.5），頁 80-92；Anne Daltrop, *Political Realities—Political and The European Community* (London, England: Longman Press, 1986). pp.132-141.

由國家領導人面對面的溝通，共同商議所面臨的難題，或是針對國際社會重大的變遷與爭端，發表共同聲明，表達歐盟國家的立場，增進會員國之間的合作與化解彼此的疑慮，以形成共識，成為歐盟最高權力的決策機構。

二、歐洲高峰會議的角色與權限

　　從「歐洲高峰會議」成立開始，就凸顯出其角色與地位之特殊性，因為這個制度化的高峰會議，在歐洲整合運動歷程中，扮演著「領袖」的角色，經常會藉此而展現出最高的政治權力，表現出重要的政治責任與擔當。當然，在歐盟政策產生的機制中，「歐洲高峰會議」扮演著決定決策方向的角色，對於執委會、部長理事會以及歐洲會議無法達成協議的事項，有著裁決者的角色。從權力的面向來分析，「歐洲高峰會議」其實就是決策的重心，對於爭議性的問題，能在各國領袖們的共識之下，迅速的做出決議與解決的辦法。雖然，「歐洲高峰會議」不做出具有法律形式及意義的決策，但是，在實際上的重要性卻不亞於任何一個機制，對於整體的發展方向，有著決定性的影響。

（一）歐洲整體發展的擘劃者

　　根據馬斯垂克條約共同條款（common provision）第四條規定：「歐盟高峰會得提供歐洲聯盟發展必要之原動力，並因而界定整體政治方針。」尤其是在憲章與制度上的改革、外交及安全議

題以及歐洲貨幣聯盟，和擴大成員的問題，都是歐盟本身重要的
課題。

（二）調和及解決會員國間或機制間之爭端的仲裁者

在歐盟本身運作的機制上，有些敏感的議題，需經由具有權威
的國家領袖來加以解決。例如，在預算方面的審查以及對於執委
會、部長理事會以及歐洲議會的運作上，「歐洲高峰會議」都被賦
予特殊的使命來處理並協調此類事務。

（三）危機處理者

危機處理即為高峰會議存在之最為重要的因素，當歐盟整體面
臨內部或是國際環境的緊急爭端與議題爭議時，高峰會議就扮演著
危機處理的角色，針對該項爭議或突發情勢做出因應變局的處理程
序與解決之道。

根據以上的論述可知，「歐洲高峰會議」所具有的權力與扮演
的角色是相當全面性的。在歐盟整體運作上以及政策形成的前置
期，都必須藉由各會員國的國家領袖們，針對相關議題，進行討論、
協商，研擬出符合整體利益的決策方向，再交由其他機制予以制
定。藉由兩個主要會期的會議，可讓各會員國領袖瞭解彼此國情、
協商共同的利益與行動，用以強化具有多國性質的歐體中，在本質
上所欠缺的民族國家的凝聚力與向心力，也促使各國政府在不同層
面上的磋商與協調。

　　就歐盟本身的發展來看，藉由各會員國的領袖，來處理核心的議題，協調出一致的共識，遠比交由其他機制，經由制度上的架構來研擬，更具效率與影響力，經由此一決策機構的作業，更確立了各國在決策過程中的參與和平等性，各會員國各自的立場與態度，都能在會議中予以表述，並獲得尊重，達成強化各國對於「整合」的信任。

　　準此，從歐盟高峰會議的分析可知，國際社會中領袖層級所召開的會議，不僅能對於所欲解決的爭議議題凝聚實質的共識，更藉由共識來強化國際合作的進展，亦能增進理念的擴散與溝通。亦即，透過制度化的高峰會議與跨政府會議的召開，不但能提供解決爭端議題的場域，更能開展國際社會化的歷程，強化國家行為者之間的學習，增進國際社會的穩定。

第二節　立法層次

　　當高峰會議與跨政府會議達成共識並將其化為實際的約束行為之際，國際條約或國際法承諾便孕育而生。本書所探討的立法層次主要是聚焦於前述的國際條約、國際法以及國際規範如何在國家之間形成合法性的約束行為，另一方面則是探討更為核心的議題，即國家行為者為何遵守上述的國際條約、國際法與國際規範。

壹、國際承諾[23]的法制化

國際法或是國際承諾的法制化被視為在國際社會環境系絡下的國家及其他行為者在進行互動與交往的過程中,具有約束力與法律地位的一套規則。而國際法及國際承諾至少發揮以下幾種作用:第一,維持國際社會秩序。第二,闡釋國家及其他行為者互動的基本規則。第三,協助動員國際社會成員遵守既存之規範約束。

舉凡國際法、國際條約以及國際協定的規範,都是文本形式(textual)的法律義務,亦即,國家間透過談判的過程來達成具有約束性的國際條約,此外,根據國際條約的簽訂程序,必須包涵幾個部分:[24]派遣人員代表國家從事談判、談判、條約文本的認證(authenticity)與簽署(signature)、批准(ratification)、多邊條約的加入、對多邊條約簽字、批准與加入時提出的保留、生效與國內公布、登記與國際公布以及終止(termination)。

但是,並非所有條約都要經過上述步驟才能具有約束力,不過,以下分析的四個步驟,是最為常見的條約締結程序。

一、談判

當國家之間針對某些議題進行協商之際,第一個步驟即為任命代表來從事談判的工作,並授與締結相關協定之權限。在國際條約

---

[23] 本書所界定的國際承諾意指國家行為者之間所達成的協議,包括國際條約、國際法與國際協定。

[24] 邱宏達,《現代國際法》。台北:三民書局,2000,頁 170。

與協定談判的過程中，國家代表在外交會議中表述各自的立場與利益，為所屬國家在有限的資源下爭取利益，更希冀能促成國際規範的建立，強化國際合作的關係。

此外，在進行條約談判之際，必須遵守幾項基本原則：第一，不得使用威脅的手段例如暴力脅迫、監禁或恫嚇對方代表，只要將上述行徑加諸於對方代表，使其產生恐懼而接受條件，進而簽署條約，本國政府可據此拒絕批准條約，或是聲明無須負擔任何義務。第二，談判各造應該避免事實上的重大錯誤（substantial error），如果根據錯誤的事實以設定各造的權利義務，其結果並非符合各方的意願，可據此宣告條約無效。[25]

二、簽署

根據條約法公約第十一條規定：國家承受條約約束的同意，得以簽署條約、換文、批准條約、接受條約、贊同或加入條約、或任何其他的同意方式表示。[26]亦即，當事國對於條約的文本內容同意之後，就進入簽署的程序，國家代表透過簽署的程序來表示該國同意彼此協議的條約內容，但並非表示條約因之生效，倘若條約中並未規定需經由國家的批准才產生效力，條約則自簽署日起正式生效。一般而言，國際條約還需經過締約國將其交由本國立法機關的審議與批准，才取得效力。

---

[25] 陳治世，《國際法》。台北：台灣商務印書館，1992，頁 403-404。
[26] 同上註，頁 408-409。

三、批准

　　根據 L. Oppenheim 的論點，批准是指某一國際條約的當事國，對其代表所締結條約的最後確認，亦包括此種確認文件的交換。[27]對於國家而言，國際條約常涉及國內法的修訂與調整，因此，在簽署與批准的期間內，可使得國際條約通過立法機關或是國會的審核之後，再予以批准。此外，在民主國家的運作常軌上，政府更應該藉由立法部門與其他方式探詢民意，藉以探討某一國際條約是否該予以批准，成為國家的義務與承諾。

　　再者，當一個國家批准國際條約之後，尚無法產生國際法的效力，以雙邊條約為例，需經過雙方互換批准文書之後才能生效。而在多邊條約的程序上，必須將批准文書存放至某一國家或是國際組織，並依條約規定的一定數目的國家存放批准後，才產生效力。[28]

四、終止

　　條約的終止是指條約所產生的約束力不復存在，各締約國無需履行任何的義務。國際條約終止的原因，大致可由以下幾點來分析：第一，經所有締約國的同意，終止該條約的權利與義務之履行，這可能是因為締約時的情境已喪失，使得條約所呈現的需求消失，或是締約國之間出現更為重大的議題，取代原有條約的範疇。第二，締約國之一方違反條約規定時，對方可因此予以停

---

[27] L. Oppenheim, *International Law* (London , England : Longmans , 1948) . p.903.
[28] 邱宏達，前揭書，頁 180。

止條約的履行，這主要是考量雙邊條約的情形。第三，締約國間停止或終止外交關係時，雙方所簽訂的條約就停止施行。第四，當締約國間發生戰爭行為時，亦可援引為條約關係終止的要件。

　　國際條約需透過締約國的談判、簽署與批准等程序而產生效力，國家之間亦在上述的程序中，凝聚共同利益的共識，更藉由實質的條約所形塑出的義務，強化國際合作的用作，而各國對於國際條約議價與訂定承諾的過程，更是國家間進行互動與學習的管道。亦即，透過上述的程序，使得國家間的共識化為具體的文本內容，藉由議價的過程來闡述各造的立場，最後經由訂契約的形式，完成條約與國際法的簽訂，並對國家產生約束力。

貳、闡釋國家遵守國際承諾的成因

　　國家行為者為何服膺於國際條約與國際協定的規範？Keohane認為國家間對於國際承諾（international commitments）的服從（compliance）是國際條約與國際法能對參與國產生約束力的關鍵，此外，他更提出承諾的相對權力（the relative power of commitment）、國際制度的特質（the nature of international institutions）、承諾的清晰度（the clarity of the commitment）、規範的強度（the strength of underlying norms）以及與國內決策的連結（linkage to domestic decision making）來解釋國家對於國際法的承諾。[29]

---

[29] Robert O. Keohane, " Compliance with International Commitments : Politics

　　Keohane 根據傳統的國際政治視野來分析，承諾之所以被國家維繫，主要來自於特定的互惠性所致，亦即，當某一政府被發覺其行為確有違背其承諾的情事，其他國家以及參與該承諾的夥伴國可能會採取一些懲戒的手段：排除該國加入配置利益的協定或是懲罰其違反承諾的行徑。當然，倘若其他參與承諾協定的國家具備足夠權力，前述的懲戒行為就更易強加於違背國之上。此外，透過國際制度，將更有助於操作特定的互惠性，藉由國際制度所形成的場域，提供相關國家的資訊以及創造規範與規則，強化國際條約簽訂的態勢。

　　再者，國家行為者除了避免因違背國際條約承諾而遭受的懲戒行為外，更必須為自身在國際社會上維繫聲望（reputation）而做出努力，亦即，國家聲望的議題是來自第三國對於某一國家在進行與其他國履行並維繫國際承諾時的反應。準此，國家在國際社會的聲望越高、評價越正面，則代表著該國值得讓其他國家與其建立信任關係，從事更多的議題合作，強化彼此的互惠關係。根據上述的論點，對於國際承諾的服從，不論是相關國家的權力展現、國際制度的作用、違背的懲戒行為以及國家聲望的追求也好，筆者認為，霸權國的角色將是關鍵。即便是懲罰違背國際承諾或條約的國家，若無國家發難，且該國不擔心受到被檢舉國透過雙邊關係來影響彼此的互動，此一懲罰行動恐怕無法完備，更可能導致國際承諾遭到破壞、甚至因之解體。因此，霸權國將扮演著維繫國際承諾落實的關

within a Framework of Law," *American Sociology International Law Process*, Vol.86 (1992), pp.177-179.

鍵因素。若霸權國無法擔任此一角色，國際承諾所延展的建制亦將隨之解體。

　　再者，國際承諾或條約如何與國內決策產生連結？Keohane 提出「制度的練絆」（enmeshment）來解釋國際承諾與國際決策的連結關係。制度的練絆產生於當國家內部決策關於國際承諾的議題之際，國家內部透過制度的安排，例如憲法的規定、政治過程的結果，建立制訂或維繫國際承諾在國內落實的程序。[30]準此，有效的制度練絆，有賴於該議題的政治結盟、維持現狀所構築的承諾以及破壞此等現狀的立法過程等，都是強化制度練絆的因素。

　　學者 Harold Hongju Koh 根據跨國法制過程（transnational legal process）的分析來說明國家遵守國際法的源由。所謂跨國法制過程意指公眾與個人的行為者——國家、國際組織、多國籍企業、非政府組織、個人——在國內與國際論壇中，去制訂、解釋，最終致力達成內化國際法的規則。[31]亦即，透過將國際法制規範內化至國家內部的制度結構之中，使其產生服從的效力。他提出四個特徵來解釋跨國法制過程，[32]第一，非傳統性的（non-traditional），此一法制過程並非藉由歷史軌跡來分析國際法，而是透過國內與國際層次以及政府與非政府部門的互動來分析。第二，非以國家為主，跨國法制過程中的行為者，除了國家之外，還包括非國家行為者的行為。第三，動態性的（dynamic），跨國法律由政府部門至非政府部門、

---

[30] Keohane, op. cit., pp.179-180.

[31] Harold Hongju Koh, " Transnational Legal Process," *Nebraska Law Review*, Vol.75 (1996) , pp.183-184.

[32] *Ibid.*, p.184.

由國內至國際層次以及反饋至其他層次的傳遞、產生變化與滲入，皆非靜態的行為。第四，規範性的，藉由跨國性的互動過程，新的法律規則逐漸成形，不僅是形塑法律的跨國行為者間的互動，更是引導行為者之間在未來的互動。

此外，他認為國家間藉由互動、解釋與內化國際規範進入國家內部法制結構所建立的跨國法制過程，更能強化國家間對於國際法的認同與實踐。[33]再者，透過國家利益、認知與國際社會研究途徑，更能提供有效視野來解釋國家服從國際義務。

Thomas Franck 則是以合法性理論（Legitimacy Theory）來闡釋國家服膺國際義務的源由。他提出四個因素來解釋合法性理論以及國家信守其承諾的原因。

第一，確定性（determinacy）。此一特徵意指規則與規範的清晰度，亦即，規則文本的清晰度，使其所指涉的意涵更加明確，進而成為各造對於爭論議題有效的溝通橋樑。[34]

第二，象徵性的確認（symbolic validation），此特徵賦予合法性在文化與人類學層面上的意涵。象徵性的確認乃世界由程序上的慣例與實踐，提供某一規則象徵的重要性與合法性，例如英國女王同意國會所通過的法案，因而對於新法律所形成的認證。[35]

第三，凝聚性（coherence）。此一特徵則是理性的規則與原則的連結要素，透過凝聚性的連結，可傳遞規則的本質（intrinsic），

---

[33] Harold Hongju Koh, " Why Do Nations Obey International Law ?" *The Yale Law Journal* , Vol.106 (1997) , p.2649.

[34] Thomas Franck, *The Power of Legitimacy Among Nations* (Oxford , England : Oxford University Press , 1990) . pp.50-60.

[35] *Ibid.*, pp.91-96.

亦即，具邏輯性、不同面向的、規則的目的、特殊性的規則與基礎性的原則甚至是破壞社會內其他規則的原則。[36]

第四，依附性（adherence）。意指透過連結規則與次級規則（secondary rules）用以解釋與應用主要規則（primacy rules），因為國際社會缺乏一套統一的法律來源認知，以及缺乏提供規範認知的普遍性標準，藉由次級規則所認知的規則來源與其所建立的規範性標準，用以定義主要規則的制訂、解釋與應用。[37]

不過，Franck 並未清楚的說明「合法性」如何導致服從的產生？作者所提出的四個特徵如何與國家自利的測量形成互動？以及為何國家會破壞先前所服從的法律？當然，Franck 所提出的論點，卻也給予筆者在思考國家遵守國際法時的法律層次考量。

由上述的分析可知，國家遵守國際承諾的原因在於「服從」，而之所以「服從」的原因在於除了道德上服從（moral compliance）國際承諾的義務外，對於國際社會其他成員國的懲罰行動、國家聲望的維繫以及國際與國內法制制度的連結，亦是國際承諾能夠維繫的要素。不過，上述的分析仍有不足之處，筆者透過國際承諾形成的原因恰可用來闡釋國家間為何能夠遵守國際承諾的分析，更可印證國際社會化主體性內容的展現。

國際承諾之所以在國家行為者間形成約束，主要是基於利益與認知的形塑、國家間的互動與內化規範的制度，這也同時建構出國家遵守國際承諾的要素。

---

[36] Franck, op. cit., pp.135-140.
[37] *Ibid.*, pp.183-187.

一、利益

國家行為者遵守國際法的規範是基於短期與長期的自利考量所致。對於國家而言,如何提升國家利益,成為其外交政策的重要目標,至少,不會因為與他國合作或參與國際承諾的約束,就損及國家利益。不過,國家間如何協調利益?國際建制則是提供利益議價的場域。在建制機制內,國家行為者之間希冀透過法制規則與國際法能降低交易成本、提供爭議解決的管道、誘發報復行動以及提供資訊,藉以穩定期望與強化行為的限制,並進而達成國家間的共同目標。

此外,基於國際社會處於無政府狀態,涉及國家利益的資源亦是有限,所以,透過國家間的協議,將有限的資源做出最適當的配置,這不僅可以減少衝突的情事,更能強化互賴網絡的連結。

二、認同(identity)

對於國家的認同既非是外生的(exogenous),也非永久既定的,如同國家利益亦非既定的,而是由社會構築的,是學習、知識、文化實踐與意識型態的產物。準此,法律規範建構出合法性認同(legitimizing identity),透過具支配性制度的引介,藉以拓展及合理化對於行為者的支配。亦即,國家行為者服從國際條約與國際法的規範與義務,不僅是對於法律內容表示贊同,更是對於國際社會的認同,這更是國際承諾取得正當性的關鍵。

三、互動與互賴

　　國家行為者之間基於所接觸與涉及的議題領域日益增多，而使得彼此間的互動頻繁，也因議題領域的交錯，深化了國家間的互賴網絡。再者，對於國家間產生爭議與衝突的情勢，亦因互動與互賴關係的交疊，使得透過和平的方式解決爭端成為常態。

　　此外，國家之間的互動不僅帶動資訊的交流，更強化合作的態勢，即便互動的過程中形成衝突，亦能在議題領域的互賴網絡中，尋找出解決的脈絡。亦即，互動模式與互賴網絡使得國家間產生制度運作的能動性，進而促成制度的建立，國際承諾更能在制度的運行下，成為國家行為者服從的規範與義務。

四、內化

　　簡言之，內化是指將國際法與國際規範轉化成為國內法的過程，藉由行政部門的執行、立法、司法決定等方式，使得國際法及國際規範取得等同於國內法的適用性與正當性。亦即，國家內部的決策機制「練絆」（enmeshed）至國際法制規範之中，如同制訂與維繫國際承諾使其成為國家內部法制與政治過程的制度性安排，當然，這也需要國家間重複發生的互動與內化行為所致。

　　準此，國際法藉由內化過程，將其規範鑲崁於國家內部的法制範疇內，此一內化過程不僅具有延續性，亦即，將法律規範由國際層次延續至國內，更使國際承諾獲得國家間的服從與遵守。

　　由以上的分析可知，國際法或國際承諾之所被國家服從與遵守，主要是基於利益的協調、對於法律正當性的認同、國家間互動與互賴關係的交疊以及國際法與承諾由國際層次內化到國家內部的法制制度等因素所致。不過，國際法與條約仍與國際建制的功能有所不同，筆者將其分野表列如下：

表 4-1：國際建制與國際法之比較

分析指標	國際建制	國際法（國際規範）
目標	降低交易成本	提供遊戲規則、有助於穩定的期望
利益	創造有利於多邊談判的條件	建立有效的底線：建立讓行為者滿意的共同標準
行為準則	國家行為類型的正當性與去正當性	透過國家政府合理的行為來創建標準
功能	增加對稱性與改善資訊品質	創造國家與國際行政體系練絆的機會
服從關係	藉由監視、強化聲望的價值與建立行為的正當性標準來促成服從	藉由將國際協定鑲嵌於國內政治與官僚結構的過程以及改善服從習慣的透明化與規律性來達成

資料來源：作者自製

　　根據表 4-1 的比較可知，國際法的規範與約束都較為具體，這也使得國家行為者有著明確的服從標準，再者，當國家違背義務之際，將遭致參與締約國的懲罰。對於國際建制而言，即便透過一套原則、規範、規則及決策程序來約束參與國，因缺乏明確的文本規範，仍缺乏有力的標準來執行懲戒行為。不過，霸權國的影響力可

對於國際建制的運作上，提供有力的支持，對於懲戒的行為，亦能提供有效的執行作用。

據此，透過國際法的締結，不僅產生明確的文本規範可作為行為準則，更進一步強化國際合作的態勢，國際社會化的主體性內容亦在此一歷程中展現，而國際法規範內化到國內法制範疇，更是國際社會化最為關鍵的要素。

第三節　非政府（Non-Government）層次

本書所探討的非政府層次，其範疇含括非政府組織（Non-Governmental Organization, NGO）、利益團體（interest group）、政黨型態以及知識社群對於國際社會化的影響。

壹、非政府組織

隨著冷戰結束，為意識形態的對立劃下休止符。戰爭與和平不再是國際社會所關注的唯一的焦點，舉凡環境與生態保育、人道救援、人權、全球治理等議題，已成為國際關係領域研究的重心，許多的非政府組織也因應此種趨勢而產生。科技的進步使得非政府組織有著更為寬廣的運作空間，通訊傳播與網際網路的發展也使得政府部門無從打壓、管制資訊的流通、互動與網絡的建立，更壓縮了

時間、空間與距離，穿透了國界的限制，並使得很多地方性的非政府組織得以和國際性的非政府組織形成聯結，在國際社會中建立共同的目標與使命，以及倡議或推動具共同價值的議題。

全球化的效應跨越地緣的限制，使得人與人、國家與國家、地區與地區之間理念、貨物、人民的互動日益頻繁，這種世界緊縮效應（shrinking world effect）改變了個人的認知與行動，更影響了人類的生活方式與環境。非政府組織亦在此一態勢下，成為傳遞理念與信念的媒介之一，透過其所關注的議題領域，累積更多國家的合作，強化國家間的互動與學習。

所謂非政府組織泛指相對於政府與企業部門以外的民間組織。聯合國對非政府組織的定義為：

> 非政府組織是公民所成立的地方性、全國性、或國際性非營利、志願性組織，以促進公共利益為工作導向，提供多元的服務，發揮人道的功能，將人民的需求傳達給政府，監督政府政策，鼓勵人民參與地方事務。非政府組織並可提供政策分析與專業技能，建構早期預警的機制，協助監督與執行國際協定。有些非政府組織以人權、環保或衛生為宗旨而創立，各依其目標、管轄與授權的不同，與聯合國各局、署保持密切的關係。[38]

非政府組織的分類極其複雜困難，在國際協會聯盟（Union of International Association）於 2002 年所出版的國際組織年鑑中，將非政府組織定義為：

---

[38] *http://www.un.org/MoreInfo/ngolink/calendar.htm*

一、目標：必須具備國際性，不得圖利於特定成員。

二、成員：至少由三個國家以上的個人或團體所組成。

三、組織結構：成員必須有完全的自主權，不受任何一個國家限制。

四、職員任命：會員可由制度化的管道被選派擔任工作職務，且不可同屬於單一國籍。

五、財政：必須由三個以上的國家提供。

六、自主性：不受其他組織控制，以平等地位與其他組織往來。

七、活動：必須獲得其他國家或組織的承認或參與。

學者王振軒則以非政府組織的功能為標準，將非政府組織區分為倡議型非政府組織（Advocacy NGO）與運作型非政府組織（Operational NGO）。[39]

一、倡議型非政府組織：

倡議型非政府組織的特色在於強力推廣某一理念與價值，透過此一理念與價值的建立用以改變社會現狀，如董氏基金會的推廣「禁菸」，透過禁煙的手段來強化國人的健康；國際特赦組織（Amnesty International, AI）對「人權」價值的堅持、綠色和平組織堅決「反核」的立場等，都是透過非政府組織將理念推展、建立價值、改變社會意識。

---

[39] 王振軒，《非政府組織概論》。台中：必中出版，2003，頁 45-46。

二、運作型非政府組織：

運作型非政府組織則是提供人道救援與發展的服務為目的，許多大型的基金會起源於人道救援的需要，如國際紅十字會（International Committee of the Red Cross, ICRC）。此外，美國的福特基金會、洛克菲勒基金會、英國的樂施會（Oxfam International）等，都是活躍於低度開發國家的運作型非政府組織。

不過，但許多非政府組織同時兼具這兩種任務型態，因階段性任務或執行方案內容不同而有所調整。

此外，L. David Brown、Sanjeev Khagam、Mark H. Moore 與 Peter Frumkin 則認為非政府組織在現今國際社會中扮演著以下的角色：[40]

一、確認全球化下人類所面臨的問題與挑戰。

二、倡導引領國際社會新的價值與規範。

三、建構國際聯盟以因應國際社會所面臨的挑戰。

四、改變國際典則以回應新的需求。

五、提出跨國衝突與分歧的解決方案。

六、監督或執行重要公共議題的資源分配。

亦即，非政府組織不僅具有倡議理念與價值的功能，例如非政府組織所倡導的人本關懷、平等、自由等價值都獲得更多的認同與

---

[40] L. David Brown, Sanjeev Khagam, Mark H. Moore and Peter Frumkin, " Globalization, NGOs, and Multisectoral Relations," in Joseph S. Nye and John D.Donahue , eds., *Governance in a Globalizing World* (Washton , D.C. : Brookings Institution Press , 2000) . pp.271-296.

共識，同時配合組織運作的能量，進一步鞏固了這些價值與信念，此外，更透過實質行動的參與，例如人道救援將其散佈。此種傳遞的方式，更是形成國際社會內，理念、信念與價值直接擴散的載體，亦即，非政府組織扮演聯結國際理念與價值和成員之間接軌的媒介，國際社會化的歷程亦從而展現。

貳、利益團體

　　利益團體（或稱為壓力團體）是一有組織的社團，其目的在於影響政府的政策與行動。據此，利益團體藉由對於某一議題的關注，透過影響政府官員與政策制訂，以達成他們所設定的目標，用以維繫某特定團體的特殊活動與利益。然而，所有國家的利益團體皆聚焦於政策產出的過程，尤其是官僚決策機制，透過企業、工會、公會與其他專業團體來進行遊說，企圖影響政策的制訂。

　　當然，不同的政府結構，使得利益團體的遊說重心也不同。以英國為例，利益團體的重心則是放在內閣與行政體系，在內閣制的運作下，如果無法說服內閣，即便對國會施展再大的影響力，亦屬枉然。再者，利益團體可向政府部門提供建議，藉以補充其資訊不足而使得政策缺乏評估的缺陷。此外，經由利益團體的贊同能增加政府政策的正當性，以及在特定的議題領域中，利益團體亦能協助政府執行政策。

　　美國的利益團體則是在三權分立的體制之下，國家的政策與法案的制訂與通過，需透過行政與立法部門基於職權的運作而產生，

故而利益團體的行動則更為活躍與普遍。不過,這也顯現出以下的特徵:第一,美國利益團體的體系是分散的,亦即,為了爭取成員與影響力,不論處於相同或是相異的議題領域中,利益團體間會出現競爭的態勢,這也使得彼此的整合程度形成侷限。第二,美國的利益團體非常投入從事政治活動,例如政治獻金的捐助、遊說議員、向法院提出上訴等,皆成為其重要工作項目。當然,其最終目的則是希冀能影響政策的制訂。

此外,利益團體是如何興起的?學者楊泰順提出以下幾個因素來分析:科技的發展、政府功能的擴張、組織力量的追求、政府決策細緻化以及政治人物的選擇。[41]除此之外,筆者提出另一分析因素作為補充,亦即,全球化的效應。利益團體如何形塑其對於議題的認知,一方面可從國際層次來分析,透過國際社會的價值與理念的認知,從中獲取其所欲追求的目標,進而將目標化為實際作為,透過影響國家政策的產出來實踐。另一方面則是由國內層次來分析,利益團體藉由國內情勢與相關政策的分析,找尋出可供維繫與增進該團體利益的議題,透過其影響力的展現來影響政策的制訂。

全球化的趨勢,使得資訊、理念與價值呈現跨越國界的傳遞,利益團體亦在此一趨勢之下,吸收更多的議題可供其思考,並結合國際、全球的主流價值,創造其所追求的議題,不僅為利益團體的目標形塑正當性,更可藉以維繫特定利益,進而累積影響政策制訂的能力。

---

[41] 楊泰順,《利益團體政治》。台北:財團法人民主文教基金會,1994,頁125-132。

　　然而，利益團體如何展現其影響力？這不僅影響利益團體自身的利益，更對於國家政策的產出，有著直接的衝擊。當然，對於政策制訂影響力的展現，需由利益團體本身所擁有的資源來界定，亦即：大眾對於團體與其目標的同情；團體成員數目或行動基礎的大小；團體的財務力量和組織能力；團體干擾政府或使其感到不變的抵制能力，以及團體與政黨或政府單位之間在人事與制度上的關聯性。[42]

　　準此，利益團體透過對於政策制訂管道發揮影響力，例如，經由遊說來爭取得到政府決策者聽其意見，進而使得立法部門與行政部門改變決策初衷；透過對於政黨內部運作來展現影響力，一般而言，利益團體會協助立場與其相近的政黨候選人爭取政黨提名競選公職，企圖讓所有政黨的黨綱都能納入有利於其利益的條文。當然，利益團體所展現的壓力常是藉由政黨施展出來的，而其影響政黨最主要的方式乃是提供競選經費，據此成為某一政黨的主要支持者，進而透過政黨的表現來實現其所關注的議題與政策的方向。

　　再者，許多利益團體藉由影響大眾傳播媒介的輿論，爭取塑造有利於該利益團體的政治目標與議題，刺激民眾的同情與關注，一方面爭取大眾的認同與支持，另一方面則是給予決策者施壓，其目的在於強化大眾的支持之後，進而爭取決策者的認同，轉變政策的產出或是朝向某一議題修正。其方式包括發表研究報告或是進行民意調查，基於民眾對於專家學者的信任，媒體為了迎合大眾的求知

---

[42] Andrew Heywood 著，楊日青、李培元、林文斌、劉兆隆譯，《政治學新論》。台北：韋伯文化事業出版社，2002，頁 441。

慾望，對於專家所做之高質量、資料來源可靠的研究報告，大都願意以顯著的版面刊載，此一作法提供利益團體影響大眾傳播媒介的方式。

此外，民意調查可針對特殊議題與突發事件做出最為即時的民意反映，大眾傳播媒介對於此一迅速體現民意與掌握社會脈動的方式，皆希冀能夠予以報導，更可據此主導新聞議題的延伸，再者，民意調查的結果在時效上更是能產生民意的強度，利益團體藉此方式，不但創造出累積民意的議題，更進而對於決策者形成壓力，使其重新評估政策的制訂。

除了上述的方式之外，利益團體有時會透過更為激烈的手段來凸顯其所關注議題的重要性，亦即，採取示威（boycott）的策略。示威並不僅限於街頭的抗議活動，其含括從消極的抗議，例如靜坐、罷工到積極的抵抗，例如示威、遊行、演講等。[43]利益團體採取此一手段有下幾個目的：第一，希望透過大眾傳播媒介的報導，增加大眾對於議題的瞭解。第二，希望引起政府官員的警覺，反映在政策的制訂與修正上。第三，透過示威遊行，引發大眾的關注，藉以吸引有志之士，使利益團體的政治勢力觸角能得以延伸，最終能對決策者產生影響力。[44]

總之，利益團體試圖透過影響政府的決策，來維繫其所關注的利益，不論是對於行政部門的官僚組織，抑或立法部門的國會議員，甚至於政黨的運作等，希冀能轉變參與決策成員的態度，

---

[43] 楊泰順，前揭書，頁 81。
[44] 陳彰輝，《美國利益團體政治勢力的研究》，碩士論文，淡江大學美國研究所。台北，民 73 年，頁 84-85。

將其反映在政策的產出項上,最終做出對於利益團體最為有利的政策。

參、政黨

Moshe Maor 對於政黨的定義,分為規範性定義與描述性定義。前者指陳的問題包括政黨能夠或是應該從事哪些工作;後者則是著重於政黨的外顯特性,例如政黨的集體本質(collective nature),或是政黨的活動層面,例如候選人的挑選、參選及選舉。[45]Edmund Burke 則是基於規範性的定義提出解釋:政黨是一群人依據其全體成員所同意的特定原則所組成,其目的希冀藉由共同的努力來增進國家利益。[46]James Madison 對於政黨的闡釋則具描述性:若干公民,無論是多數或少數,在共同情感與利益的驅使下結合,即便這些情感與利益違反其他公民的權力或社群永久與整體的利益。[47]

此外,L.D. Epstein 則認為政黨是社會與政府之間唯一的連結,將政黨視為民眾需求的表達者、利益的匯集者、選民的教育者,透過政黨來動員選民去支持某一政策,進而使該政策獲得制訂。[48]Neumann 將政黨定義為:社會中積極的政治行為者所集結而

---

[45] Moshe Maor, *Political Parties and Party System : Comparative Approaches and the British Experiences* (London , England : Routledge , 1997) . pp.1-4.

[46] Edmund Burke, " Thoughts on the Case of the Present Discontents," in P. Langford , ed., *The Writings and Speeches of Edmund Burke* (Oxford , England : Clarendon Press) . 1981 , p.317.

[47] James Madison, *The Federalist* (New York , NY : Modern Library , 1787) . p.54.

[48] L. D. Epstein, *Political Parties in Western Democracies* (Brunswick , NJ :

成的組織,其所關注的是對政府權力的掌控,不僅與其抱持不同看法的團體競逐大眾的支持,更是將社會力量與意識型態聯結到官方政府機構,使之與政治社群的政治行動產生關連的媒介。[49]

本書僅就政黨影響政策產出的作用,來分析政黨的角色:

第一,利益的匯集與表達的角色。若以政策制訂過程來分析,政黨則是扮演著提出需求的「輸入」角色,其目的在於回應與表達黨員以及選民的意見,若從消極的面向觀之,政黨是被動的接受黨員與民眾的需求,將其轉化為政黨所關注及政策制訂的議題,透過獲得執政權之後將其付諸實行,抑或監督執政黨之決策,使其回應所受託民眾之建議。若從積極面向分析,政黨則是主動創造可供黨員與民眾思考及參與的議題,藉此動員大眾對於特殊議題的關注,爭取認同、改變意向進而轉變其態度,累積更多的民意基礎,藉以獲得支持,贏得選舉的勝利,取得執政權,最終落實理想以及將議題轉化為實際政策的產出。

不論是消極或積極的作為,政黨與利益團體的相同處皆在於影響實際政策的制訂與修正,不僅保障其利益,更使其所關注的議題與政策能得以獲得大眾支持,進而成為政府最終所制訂的政策。然而,兩者的不同處在於,利益團體最終是以其自身利益做為政策考量的依歸,政黨則是以執政為其唯一的目標,透過執政,才能落實政黨的理念,不僅是獲得多數民眾的支持,更能將其關注的議題,轉化為實質政策並予以實踐。

Transaction Books , 1980). pp.9-11.

[49] S. Neumann, " Toward a Comparative Study of Political Parties," in H. Eckatein and D. E. Apter , eds., *Comparative Politics : A Reader* (New York , NY : The Free Press , 1963) . p.352.

　　第二，政黨扮演社會化與動員的角色。政黨的任務在於提名與競選，藉由競選活動使得政黨成為形塑政治教育與社會化的機制，而政黨透過黨綱與議題的設定，表達價值與立場，進一步動員黨員來強化支持。然而政黨在制訂其黨綱與大政方針時，不僅關注國內情勢的發展，歸納與推演出可供思考的議題、法案與政策外，更是透過分析國際社會的理念、價值、規範等，將之納入到政黨實際產出的議題與政策方針之中，藉以強化政黨的思維，更扮演國際社會與國家內部在形塑信念與理念接軌的媒介。

　　此外，黨員與民眾亦可從政黨所推動的議題領域與政策的範疇之中，獲得不同於以往甚至於更為深入的理解，這其中包括新的觀念（全球化相關議題）、普世的價值（民主的落實）、特殊的議題（生態保育）等。藉由政黨的宣傳，使得大眾的思維更為多元，關注的領域亦更加廣泛，無形中也提供大眾學習的場域，進而促成個人的社會化歷程。

　　第三，政黨扮演教育大眾的角色。基於上述兩點的分析可知，政黨提供大眾進行學習新觀念與普世價值的場域，更進一步而言，政黨成為教育大眾獲取知識的媒介之一。透過爭取民眾的支持與認同，政黨不僅強化與累積民意，更是形塑民眾的政治態度，藉由傳遞知識與信念的過程，同步展開教育民眾的契機。對於大眾而言，在接受政黨所提出與推展的理念與信念之際，不僅成為受教者，亦開啟其認同政黨行為之旅。

　　根據上述學者的論述可知，政黨是將社會力量與意識型態轉化至政府部門成為決策考量的媒介之一，更是表達民眾需求、匯集利益以及教育民眾關注相關議題的組織，準此，政黨扮演著傳遞理念

與價值的角色，成為社會化傳遞理念的媒介。再者，政黨的最終目標在於取得執政權，一旦成為國家的執政者，其所關注的議題與政策的修訂，將更易於實現。

肆、知識社群

在第三章中，簡略說明 Hass 對於知識社群的定義，此處則是深入闡釋其對於國際社會化的重要性。根據 Hass 的定義，雖說知識社群是由來自於不同領域與背景的專家所組成，他們還需具有以下的特徵：分享一套規範與規則的信念，用以對於社群成員的社會行動提供價值基準（value-based）的理性；分享因果信念，用以提供說明介於可能性政策行為與所欲結果產出之間的聯結基礎；分享概念與可性度；提供知識社群成員間分享相互檢證的理解；提供分享知識的途徑。[50]

亦即，知識社群不僅傳遞理念與價值，更希冀將其轉化為政策產出，藉由直接影響決策者的認知，轉化其對於利益的態度，進而影響國家的政策，準此，透過跨國性的知識社群成員來影響其他國家的利益與行為，不僅增進國家行為與國際政策協調的聚合，使之符合知識社群的因果信念與政策偏好，這更是其所欲達成目標。

---

[50] Hass, op.cit., p.3.

　　此外，知識社群在政策的演進過程中，扮演著建立與制度化議題領域的角色，而政策的演進過程包涵幾個主要的步驟：政策的創新（議題設定）、擴散（政策執行）、選擇（政策的評估）、持續（政策的變遷）與政策的終止，知識社群便在上述步驟之中，展現其影響力，進而促成政策的產出。當然，知識社群希冀將其所傳遞的知識轉換成實際政策的產出，除了能顯現其所推動的理念之外，若能成政策執行者，將更能結合理論與實務的作為。

一、政策創新階段

　　知識社群在此一階段，透過建構特定議題的政治爭論範圍、定義國家利益的範疇以及設定標準來形塑政策的創新。根據 Hass 所討論特定議題的政策個案──戰後經濟管理、武器控制、污染管控、以及貿易管制議題──用以闡釋政府所考量的利益、政策目標以及採行何種方式來引導政策協調，而知識社群則是在特定議題中，發揮影響力。[51]

　　以武器管制議題為例，知識社群扮演構築議題領域的角色，藉由維繫國際安全與國家利益來影響與形塑國家決策者的認知，亦即，避免核武戰爭所帶來的災害，透過武器管制來產生新的共同利益，從而建立起國家領導者新的認知。在維持國際社會穩定的共同理念下，國際社會成員基於此一共識，重塑國家利益的結構，而知

[51] Emanuel Adler and Peter Hass, " Conclusion : Epistemic Communities, World Order, and the Creation of a Reflective Research Program," *International Organization* , Vol.46 , No.1 (Winter , 1992) , pp.375-378.

識社群則是逐步改變決策者對於國際議題的認知與建構集體性回應，透過議題設定來影響國家利益的認知，改變或強化決策者的意向。

二、政策擴散階段

知識社群一方面透過跨國性的溝通管道藉以與其他國際組織、專家與知識社群構成理念與價值的聯結，另一方面則是將這些理念與價值轉化為國家政策的思維，藉由政策的載體而將理念與價值散播。亦即，政策的產出與擴散就等同於理念與價值的散播，知識社群則是扮演中介媒介的角色，藉由各國知識團體間的跨國性連結，相互溝通新理念與政策之革新，並企圖影響各自的政府作為。

三、政策選擇階段

在政策的評估階段，知識社群則是重新評估其所設定之議題能否成為政策產出的因素，倘若形成政策產出，則思索如何維持政策的持續執行，然而，對於無法形成政策的因素，不僅找出關鍵所在，進一步誘發行為者建立國內與國際共同目標的政治聯合，並藉由知識社群所提出的忠告來喚起更多的共鳴，重新抑或強化議題的設定來影響政策的選擇。不過，此一過程涉及高度政治性的階段，知識社群影響力的施展有其侷限性。

四、政策持續階段

　　知識社群在成功推動的議題形成政策產出之後，其所關切的焦點在於如何讓政策持續，準此，透過資訊與知識的引進與融合，不斷的與國際社會的潮流接軌，讓政策維持其可行性與需求，再者，將不適當與產生負面效果的政策，一方面提供調整的建議，並尋求修訂政策的支持力量，另一方面則依政策存在的正當性與否，透過影響立法部門終止該政策的執行。不過，上述的作為，皆有賴於知識社群成員間的高度共識及其所展現的說服力而定。

　　據此，政策演進的過程如同學習的歷程，此種學習過程不僅是新資訊的獲取，亦是接受連結因果關係的革新之道。當然，知識社群在影響政策制訂的同時，不僅接受到新的資訊與知識，更將其轉化為實際作為，希冀注入國家政策之中，使其背後所蘊含之理念、信念與價值，予以擴散，據此，知識傳遞的網絡亦隨之呈現。

　　表4-2則是筆者藉由知識社群的角色、新現實主義途徑、新自由制度主義途徑以及建構主義途徑來分析政策轉變的模式，藉以理解不同分析途徑所呈現出的歷程與結果。

　　根據表4-2的分析可知，從知識社群途徑來分析政策的轉變，其分析層次不同於其他三種研究途徑，主要是以跨國層次為分析主軸，而且聚焦於政策制訂的行政部門，透過資訊與學習歷程的擴散來強化知識的傳遞，其目的在於決策型態的轉變，亦即，政策產出的改變。

表 4-2：研究政策轉變的途徑

研究途徑	分析層次與研究領域	影響政策轉變的因素	機制與效果的轉變	主要行為者
知識社群的角色	跨國層次；國家行政部門與國際制度	知識、因果與規則性的信念	資訊與學習的散播；決策型態的轉型	知識社群、個別國家
新現實主義途徑	國際層次；在政治與經濟體系中的國家	能力的配置；行動的成本與利益分配	技術的轉變與戰爭；國家權力資源的轉型	國家
新自由制度主義途徑	國際層次；在全球體系下的國家、國際組織	國際制度與國際組織的規範、互賴關係	國際合作的型態；自由市場與國際制度的擴展	國家、國際組織
建構主義途徑	國際與文化層次；權力結構、社會學習、集體認同	國際體系結構、國家利益	共同體的建構；國際體系的轉型	國家、權力菁英

資料來源：作者自製

　　總之，不論是行政層次所探討的國際體系與高峰會及跨政府會議的召開，透過國際層次的結構與互動，呈現出國家行為者走向國際合作的態勢，或是立法層次所論及的國際承諾法制化與內化的歷程，展現國家行為者不僅遵守國際規範，更闡釋為何遵守的核心價值，以及非政府層次所探討之非政府組織、利益團體、政黨與知識社群所扮演傳遞理念、信念及價值的角色，都直指一主體性內涵，亦即國際社會化的主體性內容——國際合作。

　　準此，從分析國際社會化的層次觀之，行政、立法與非政府三個層次不僅充實此一概念進入理論的操作化階段，更引發國際社會化分析的指標。以下便進入建構國際社化理論的分析變數。

第五章　國際社會化的主要變數分析

　　本書藉由國際社會化主體性內容的形塑與分析，提供國際社會化概念的經驗性指標，國家行為者之間透過國際規範的建立、散佈與內化的歷程，凝聚信念與理念的共識與認同，強化共同利益的認知，藉由合作的動力來強化國際社會化的歷程。亦即，作者提出分析國際社會化的主要變數來闡釋建構理論的通則，藉以詮釋國際社會化理論的分析。以下便透過分析國際社會化的主要變數來闡釋其主體性的內容。

第一節　霸權國（強權國）的影響

　　國際社會化是指引導一個國家朝將國際環境所構築的信念與規範予以內化（internalization）的學習過程。當然，這與國際體系的結構相關，亦即，在兩極對抗的時代，霸權國具有主導規範建構的影響力，而在多極體系的架構下，強權國家則扮演霸權國形塑規範的角色。

　　準此，霸權國在國際社會與國際體系的系絡中，扮演著何種角色？根據 Kindelberger 的論點，他將霸權國的型態分為仁慈的霸權國（benevolent hegemony）與強制的霸權國（coercive hegemony）兩種。[1]前者是基於維持國際秩序穩定的意願與責任，擔負起公共財的提供，例如國際援助、財政支持、核武保護傘、世界警察等，並不需要其他國家的共同負擔公共財的成本，亦即，除霸權國之外的其他國家皆能只享利益而不必負擔維持體制的義務，而其體系型態較為分權。後者則是反應國際社會無政府狀態的特質，霸權國則是透過嚴厲的手段與自利考量，尋求權力的與利益的極大化，雖然強制的霸權國也扮演著公共財的提供者，卻是基於提升自身淨利益為目的，透過霸權國自身的優勢力量，強制要求其他國家提出貢獻，亦即，在其領導之下，要求其他國家一起承擔公共財的成本，其體系型態則是較為集權。

　　此外，William T. Bianco 與 Robert H. Bates 則是將領導者（亦即霸權國）依其能力區分為強大的領導者（enhanced leader）與有限的領導者（limited leader）兩種。[2]強大的領導者提供策略抉擇給其追隨者，藉由獎勵與懲罰的手段來達成目標，透過分配利益給合作的參與者以及不分配利益給背叛者的方式來提供誘因，強化合作的態勢。有限的領導者因其能力有限，僅能匯集抉擇的產出，無法辨識個別追隨者的策略抉擇，透過獎勵或懲罰的手段僅能對採取相同抉擇的團體施行，而無法針對個別行為者。

---

[1]　Kindelberger, op. cit., pp.287-304.
[2]　William T. Bianco and Robert H. Bates, " Cooperation Design : Leadership, Structure, and Collective Dilemmas," *American Political Science Review* , Vol.84 , No.1 (1990) , pp.137-138.

　　基於上述的論點可知，霸權國扮演著維繫國際體系穩定與提供公共財的角色，不論其型態為何，其目的皆在於穩定的國際環境，才能形塑合作的態勢，進而增進國家利益，再配合其自身的能力，透過利益配置與懲罰的手段，約束追隨者的行為，強化合作的歷程。以下再就霸權國的思維邏輯與其功能展現，提出分析。

壹、霸權國的理性思維

　　對於任何一個國家行為者而言，其決策的最終考量在於：在既定的利益與目標下，極大化其效用的可能，這是基於理性的思維。然而，對於尋求成為霸權國的行為者而言，除了要有意願外，還需具備能力，亦即，提供公共財用以維繫國際社會穩定的能力。再者，公共財的提供需獨自擔負成本，雖說霸權國有負擔成本的責任因素在內，深究其因，卻也有著理性思維的脈絡——著眼於長期的獲利，霸權國對於公共財的供應，或許在短期的評估與實踐上是耗費成本且獲利不如預期，但在長期維繫制度或合作態勢的運作下，卻是強化霸權國的權力與影響力。以下便從公共財的提供為分析的起點，來剖析霸權國的理性抉擇。

　　對於每一個國家行為者而言，都想當搭便車（free-rider）的投機者，而不願意負擔成本提供公共財，亦即，面對其他的行為者，都希冀對方能提供公共財，而自身卻可在不必擔負義務的情形下，獲得利益的增加。所以，每一行為者皆處於對稱的賽局（symmetrical game）中，[3]在囚徒困境（prisoner dilemma）的架構下，進行互動。

---

[3] 　對稱賽局是指參與賽局的行為者，皆面對相同的偏好順序做出抉擇。

不論是行為者 A 或是 B，都希望對方能提供公共財，而自己就能在不需負擔義務的情形下，獲得最大的利得。每一行為者的偏好排列順序如下：DC＞CC＞DD＞CD。（如圖 5-1 所示）

準此，每一行為者均採取不合作的態度，直到公共財被提供之後，便可以獲利而不必出力，達到最佳的偏好結果，所以，行為者的最佳優勢策略就是本身採取不合作，而寄望對手採取合作的策略（DC）。但是，每一行為者皆採取最佳優勢策略的結果，將使得各自都獲得次差的偏好結果（DD），長期而言，國際社會將無法符合因互動頻繁所牽動的互賴關係，以及合作態勢的開展。據此，霸權國的存在是需要的，一方面可解決公共財提供的問題，另一方面更可化解行為者間所面臨的囚徒困境，進而強化國際合作的態勢，有助於社會化的歷程。

就霸權國的短期策略觀之，雖然付出較多的成本與義務來提供公共財，亦即，是採取最差的偏好結果為其策略（CD），藉以增進國際的合作，但長期而言，霸權國卻能依此而主導議題領域，進而

囚徒困境賽局		B	
		合作（C）	不合作（D）
A	合作（C）	3，3	1，4
	不合作（D）	4，1	2，2

4：最佳偏好結果
3：次佳偏好結果
2：次差偏好結果
1：最差偏好結果

圖 5-1：霸權國與其他國家所面臨之囚徒困境賽局圖

建立霸權體制。在霸權體制內，成員國為了不需負擔成本而獲得公共財，成為搭便車者，都成為霸權國的追隨者，服膺體制的規範與約束。對於霸權國而言，透過規範的建立，逐漸使其追隨國認同其權力，並藉此將公共財的供應，由單一國家的負擔逐步轉嫁至所有成員國承受，亦在此一過程中，不僅建構霸權國的權威，更削弱追隨國的搭便車角色，逐漸使其成為公共財的負擔者之一。

此外，霸權國亦掌控體制成員的加入，透過扮演資源（公共財）守門者的角色，設定篩選門檻，這含括意識型態的一致性（例如採行民主政治或是共產主義等）、共同負擔義務（集體安全或是公共財的負擔），以及藉由資源配置做為成員國的獎勵，或是以懲戒的方式來懲罰成員國不合作的態度與作法，使得霸權國主導體制的運作，展現其意志與策略的落實。

再者，對於追隨國而言，因霸權國成為主導體制運作的權力象徵，使得其所面臨的賽局已轉變成為懦夫賽局（chicken game），而霸權國仍是面對囚徒困境，兩者形成不對稱賽局（asymmetrical game）中的紙老虎賽局（called bluff game）。亦即，在霸權體制下，對於霸權國（A）而言，倘若追隨國（B）威脅將採取不合作（D）的態度，因其身處於霸權國所建立的體制之中，A 國瞭解 B 國處於懦夫賽局之中，所以 A 國理解 B 國的態度是唬人的，事實上，B 國選擇不合作的可能性低，因為 B 國採取不合作態度的前提在於 A 國主導並採取不合作的策略，但是雙方會形成最不願意產生的偏好結果（DD），準此，不論 A 國採取合作或是不合作的策略，B 國都被迫選擇採取合作的策略抉擇，亦即，雙方形成（DC）或是（CC）的偏好結果。（如圖 5-2 所示）

紙老虎賽局		B	
		合作（C）	不合作（D）
A	合作（C）	3，3	1，4
	不合作（D）	4，2	2，1

A 為霸權國，面臨囚徒困境
B 為追隨國（成員國），面臨懦夫賽局
4：最佳偏好結果
3：次佳偏好結果
2：次差偏好結果
1：最差偏好結果

圖 5-2：霸權國掌控體制後與追隨國之紙老虎賽局圖

　　由上述的分析可知，霸權國所提供的公共財僅限於體制內的成員國，這並不符合公共財的不可分割性以及非排他性，反而成為用以箝制體制內成員的資源與利益，更體現霸權之所以願意負擔成本來提供公共財的原因，仍是基於長遠的國家利益作為考量的基準，其獲益卻更是遠大於享受體制資源的成員國。

貳、霸權國的作用

　　從國際政治歷史的脈絡觀之，霸權國是以不同的型態存在於國際社會之中，且經常在國際事務中扮演積極介入或調解紛爭的角色，甚至是建立規範體制、並對於破壞規範者給予懲戒與制裁，例如西元 2、3 世紀西歐地區的羅馬帝國、13 世紀中期中國的蒙古帝國、16 世紀中東地區的鄂圖曼土耳其帝國、15 世紀中期至 16 世紀歐洲地區的哈布斯堡王朝、16 世紀中期至 17 世紀下半葉的荷蘭與西班牙、17 世紀後期至 19 世紀末國際性的英國霸權以及 19 世紀末至今全球性的美國霸權。

　　由上述的分析可知，除了英國與美國的霸權型態是屬於跨區域、幾近全球範疇外，其餘的霸權型態皆是以區域為其影響力的範疇，並未到達英、美兩國的層次。此外，18 世紀以前的霸權國皆是以武力鎮壓、殖民、征服進而建立帝國主義式的國際秩序為其手段，其目的在於提升國家自身的權力以及取得經濟生產要素。而英國與美國則是透過意識型態的認同、一致性的同質化歷程與和平解決爭端為其方式，建構起全球互動的網絡，不僅使其獲利，更強化國際合作的運作，維持國際社會的穩定。

　　準此，霸權國的作用則展現在以下幾個層面：

一、維繫國際體系的穩定

　　無論是帝國主義型態或是全球性（英國與美國）的霸權國，最為重要的工作在於維持其所屬或是建立的國際體系之穩定，即便是武力懲罰、規則的建立或是資源的分配，其目的在於建立霸權國的權威，並據此強化所屬成員國的認同與忠誠度，主導國際規範與秩序的建立，強化國際合作的開展。

二、增進國際互動

　　霸權國透過議題領域的推動，例如安全議題、經貿關係的開展、文化交流議題、環保議題、科技交流等，強化國際社會成員國間的往來，並對於相關議題進行互動，一方面提升彼此之間合作的關係，另一方面則在霸權國主導的互動網絡下，進行國際社會化的歷程，更進一步認同其權威與權力的象徵。

三、國際社會化的推手

霸權國透過其所擁有的資源（包括聲望、資訊）來強化成員國間的合作能動性，進而展現其扮演國際社會化推動者的角色。此種社會化的歷程可經由三種機制來達成，規範的勸服（normative persuasion）、外在的誘導（external inducement）以及內部的再建構過程（internal reconstruction）。[4]而霸權國的角色便在此三種機制中，展現其影響力。

在規範勸服的歷程中，霸權國透過與次級國家（secondary states）菁英的接觸，藉由這些社會菁英內化霸權國所建構的規範與採行與其相符的政策，產生合作的結果。其因果關係主要是透過合法性的支配來達成，亦即，經由霸權國展現規範的勸服行為，導致次級國家的規範轉變，其路徑乃是經由菁英社群的驅策，形成政策的改變，以及將相關條約與規範予以內化至國家的法律結構之中，藉此達到國家的社會化。

再者，霸權國會透過經濟與軍事誘因來誘導其他國家轉變政策方向。其因果關係來自於霸權國透過提升經濟利益與強化軍事層面的合作為誘因，使得次級國家重新評估其獲利與成本，促使其接受霸權國所提供之配置利益的建議，進而產生政策轉變，（當然，這是基於上述兩個領域的強迫性角色所形成的合作結果）最後導致規範的改變。

---

[4] John G. Ikenberry and Charles A. Kupchan, " Socialization and Hegemonic Power," *International Organization* , Vol.44 , No.3 (Summer , 1990) , p.284.

　　最後，霸權國透過直接干預次級國家內部的政治轉型來重新建構該國家的國內與國際政治層面的規範，主要是藉由次級國家進行國家內部的再建構過程中，（因內戰的結果抑或政治過程的重組）霸權國透過干預其轉型歷程，形成該國家在政策上的改變，（當然，這是施壓的結果）最後導致規範的轉變。

　　由上述分析可知，霸權國家在國際社會化進行的過程中，在國際層次，主導國際規範與秩序的建立，透過勸服、誘導與再建構的歷程，將國際規範導入次級國家的行為曲目之中。而從國家內部層次分析，藉由與其內部的菁英接觸，強化其理念的傳輸，進行影響國家的行為。亦即，霸權國主導著理念與規範的結構成因，促成合作的態勢，強化制度的成因。

第二節　國家的學習

　　政治人物會從歷史的演進中吸取經驗進而引以為鑑嗎？此種學習過程會對於其所面臨的外交決策造成影響嗎？這也成為國際關係領域的學者所感興趣的研究方向。舉例來說，德國納粹向外擴張的行徑，著實影響英國首相艾登（Anthony Eden）在處理蘇伊士運河危機（Suez Canal Crisis）時的決策，越戰的結果，強化美國的政治領袖對於後來的波斯灣戰爭（Persian Gulf War）與波士尼亞內戰的理解，[5]九一一事件之後，對於美國甚至於全球都形成反恐

---

[5] 王逸舟，《國際政治學——歷史與理論》。台北：五南圖書出版社，1999，

的共識與機制的建立。此外，拜讀邱吉爾、羅斯福、尼克森、季辛吉等人的自傳或回憶錄，更可從中感受這些英、美著名政治家如何從歷史事件中獲取經驗，並據以判斷當下的局勢演變以及與之對應的決策。以下便就學習的歷程來分析國家學習的相關意涵。

壹、國家學習的定義

　　根據 Jack S. Levy 的說法，經驗性的學習是指信念的改變、新觀念、技術與程序的發展，用以解釋與說明所涉及的經驗。[6]大部分學者對於學習的定義，皆聚焦於和平或合作的議題之上：Nye 認為學習只是與合作相關的可能結果，透過研究或經驗來發展知識；[7]Janice Gross Stein 僅視學習是衝突減緩與解決的途徑之一，[8]而 Ernst B. Haas 則認為學習是管理互賴關係的途徑，準此，當新知識被用以

頁 353。

[6]　Jack S. Levy, " Learning and Foreign Policy," *International Organization* , Vol.48 , No.2 (Spring , 1994) , pp.283-284.

[7]　Nye 將學習區分為簡單學習（simple learning）與複雜學習（complex learning）。前者指透過新資訊的使用，去調適達成目的的方法，而不會改變所設定的目標。後者則是對衝突情勢的認知產生轉變，導致目標與方法的調整，進而產生新的優先考量與交易情事；參閱 Joseph S. Nye, Jr., "Nuclear Learning and US-Soviet Security Regime," *International Organization*, Vol.41 , No.2 (Spring , 1987) , pp.371-402.

[8]　Janice Gross Stein, " Image, Identity, and Conflict Resolution," in Chester A. Crocker and Fen Osler Hampson , eds., *Managing Global Chaos : Sources of and Responses to International Conflict* (Washington , D.C. : United States Institute of Peace Press , 1996) . pp.93-111.

重新定義國家利益之際，學習過程便從而展現。[9]Andrew Farkas 則認為國家學習是一種存在於國際轉變而形成政策轉變的因果關係之中介過程。[10]

對於個別國家而言，學習的研究主要是聚焦於決策者信念的改變，進而導致政策的轉變，上述幾位學者的論述，皆將學習視為外交政策轉變的解釋，而國家行為者則是從國際環境之中，獲得學習的動因。準此，國家學習乃是介於國際轉變與外交政策轉變之間的過程，此一過程的核心鑲嵌著資訊傳達，亦即，個人將其從外部環境中所獲得的資訊，轉換到團體決策的機制中，達成政策轉換的歷程。

貳、國家學習的過程

根據以上的論述可知，國家的學習過程需說明幾個問題：[11]第一，國家學習必須解釋介於由決策團體與國家知識（state knowledge，或稱集體知識）間所擁有知識的關係。第二，集體學習理論必須解釋個體行為者如何將資訊轉換成政策的產出。第三，集體學習理論必須解釋，當若干條件改變時，個體行為者如何察覺決策環境中重要的變數。第四，集體學習理論必須解釋，何以一群

[9]　Ernst B. Haas, *When Knowledge is Power : Three Models of Change in International Organizations* (Berkeley , CA : University of California Press , 1990) . p.4 , p.128.

[10]　Andrew Farkas, *State Learning and International Change* (Ann Arbor , Michigan : The University of Michigan Press, 1998) . p.1.

[11]　*Ibid.*, pp.3-5.

人由其所考慮的方案中擇一為政策產出,假設此決策團體並不考量所有的可能性,他們必須解釋何以簡化其分析的過程。

　　準此,國家學習的過程,不僅是資訊如何轉換成政策的過程,更重要的是,如何將個人學習的歷程,推至國家層次。Philip E. Tetlock 提出五種分析途徑來詮釋國家學習的歷程:[12]第一,新現實主義途徑:學習是涵蓋理性的政策調適來回應國際環境的獎勵與懲戒。第二,信念體系途徑:學習包含行為者對國際環境意象認知內容的改變以及以最佳方式去處理環境的變遷。第三,認知結構途徑:學習是對國際環境意象認知結構的改變,此一改變是在更為複雜的領域(在一套信念中,會產生不同的爭論,而這些爭論之間又有程度上的不一致)與更具備自我批評的能力之中。第四,組織與政治文化途徑:學習包括在制度的程序或文化規範下的改變,以形塑政府何以回應國際事件。第五,學習效率的概念:學習應該是獲取比過往更具效率的能力,包括使用更為合適的方法,或是追求更為實際的目標。

參、國家學習操作化的歷程

　　國家學習的研究既是聚焦於外交政策的轉變,其核心問題在於:國家政策為何產生轉變?何時轉變?轉變的內容為何?進行轉

---

[12] Philip E. Tetlock, "Learning in U.S. and Soviet Foreign Policy : In Search of an Elusive Concept," in George W. Breslauer and Philip E. Tetlock , eds., *Learning in U.S. and Soviet Foreign Policy* (Boulder , Co : Westview Press , 1991) . p.22.

變的場域為何？以及如何進行轉變？這些就構築國家進行學習歷
程的操作化歷程。

一、國家學習的原因

國家政策大抵區分為對外與對內兩個層次，亦即，外交政策與
國內政策，不過，國家學習所牽動的政策轉變，主要還是以國家外
交政策的產出為其研究的主體。對於國家領袖而言，若無法調適政
策來因應環境的改變，最終將可能喪失其權威與權力，這也誘發國
家學習的動因。所以，國家的外交政策形成轉變之際，亦是國家學
習開展之際。

國家學習之所以產生的原因，可由以下幾點來分析：

第一，國際環境是相當複雜，涵蓋國家行為者間的互動、彼此
之間所涉及議題領域的交疊、非國家行為者的作為等，均會對於國
家外交政策的產出造成影響。而且，國際情勢詭譎多變，政策的制
訂更是需要順應情勢的變化做出調整，藉以增進國家利益。所以，
國家行為者會展開其學習的歷程，包括與他國以及非國家行為者間
的互動、理解與分析國際環境的狀態，進而學習融入國際社會。

第二，國際環境是具有高度的不確定性，此種不確定常是伴隨
著國家政策制訂的結果而來。亦即，對於某一國家而言，當採取不
同於其他成員國的政策產出時，該國並無法評估其所產生的影響，
據此，國家行為者皆有誤解其他行為者意向與能力的動機，這將使
得國際環境充斥著不安，準此，國家會學習調整其政策的實質意
涵，用以避免因不確定性所造成的負面效應。透過國家學習，不僅

能明瞭其他行為者的政策考量，更能調整本國的政策方向，不但能與國際社會接軌，更能降低因不確定性所造成的傷害。

第三，資訊的效應。政策制訂最終還是得由決策者來決定，當決策者接收到新的信念、知識與價值觀時，若其衝擊著固有政策的內容，且這些新知更能貼近國際環境的脈動，抑或重新定義國家利益，這亦會使得國家形成學習的能動性，並將上述的信念、知識與價值觀等，轉化成為政策調整或政策產出的內涵之中，強化國家在政策作為層次的靈活性。當然，這種新知的傳遞，一方面來自於國際社會的互動，另一方面則可能是由國家內部的資訊接收媒介──專家、知識社群、政黨、利益團體──所引進，其目的皆是促使國家能在變動的國際環境中，展期國家的應變能力，透過政策的調整與轉變，將國家學習的內容予以展現。

由上述分析可知，基於國際環境的複雜性、不確定性以及易變性，國家藉由學習的歷程來提升調整政策制訂以因應國際環境的轉變，此外，來自於新的信念、知識、價值觀以及觀念的衝擊，使得決策者產生不同的思維，並將其落實於政策的內容中，展現國家學習的實質意涵。亦即，國家學習源自於認知結構的轉變，進而重塑國家利益的價值。

二、國家學習的時機

既然國際環境具有變動的特質，國家學習於何時開始，這是另一個值得探究的議題。分析國家學習的時機，主要是以時間來做為基準點，筆者將其區分為立即性與漸進式的國家學習時機。立即性

的學習歷程表示，當國際社會出現重大爭議或事件需要國家行為者在當下做出反應的情勢之際，例如發生重大戰爭行為，國家行為者通常是在極為短暫的時間下做出政策反應，此時，大部分的行為者皆會依據最先做出政策之國家行為者的決策以及過往類似的決策環境所制訂的政策型態，作為學習與調適政策產出的範例，因為有時間的急迫性，此類型的國家學習，大多是扮演霸權國或強權國的政策追隨者。

漸進式的國家學習則是在沒有時間壓力的狀態之下進行，當國際社會出現新的觀念、知識、價值觀，並且逐漸累積能量，一方面成為國際環境轉變的因子，另一方面則是國家藉此重新定義國家利益的方向。國家行為者則是透過國際建制、國際組織抑或領導人的認知、專家、知識社群將其引導成為國家內部決策轉變的因素之一，例如民主化的普世價值，成為中、東歐國家取得國際社會成員身份的標準，透過歐盟、北約組織等國際組織的運作，及其國內知識社群、領導人的推展，使得中、東歐國家藉由國家學習的歷程，將民主化轉化為國家的總體目標，紛紛走上民主政治體制的政治型態，進而改變其政策的方向，積極與民主世界互動。

由以上論述可知，不論是立即性抑或漸進式的國家學習，都是基於國際社會產生學習的時機所致，部分來自於重大的國際爭端亟待解決，部分則是由於新的知識形成政策調整的衝擊，促使國家行為者將其吸收、轉化為國家內部的價值分享，逐漸形成政策轉變的動因。

三、國家學習的內容

　　一般而言,國家基於不同的議題領域來強化其學習的歷程,例如武器管制議題、核不擴散條約(Nuclear Non-proliferation Treaty)成為美、蘇兩大超強國於 1950 年至 1970 年間重要的國家學習內容,其目的在於降低衝突情勢、強化國際合作的推動。所以,國家所關注的議題不同,就會形塑不同的國家學習內容,據此,當前的國際社會呈現多邊的互動,這使得國家身處於交錯的互動網絡中,不僅吸收更多的資訊與知識,更藉由學習內容來重新定義符合國家利益的政策產出。

　　再者,不同時空環境下亦會產生不同的國家學習內容,包括安全、經濟、政治、文化、科技、生態保育等議題,皆為國際社會所關注的焦點。以二次世界大戰結束的國際環境為例,所有國家皆希望走出戰爭的陰霾,畢竟戰爭的過程與結果所帶來的災難是無法評估的,恢復與重建國際經濟秩序,成為國家間所欲學習的內容,透過布萊頓森林體制的建立來穩定世界經濟,重建國際金融體系,使得黃金與美元維持 1:35 的兌換比例,各國政府則是以此比例用美元向美國兌換黃金,更藉此固定匯率,各國則是透過政策的協調來調整本國的匯率,藉以符合國際標準,穩定世界整體的經濟情勢。

　　所以,國家學習的內容主要是受到「對歷史的解釋」所影響,並非是直接受到「歷史事實」的影響。此外,行為者所採取的不同解釋途徑亦會產生相異的學習過程與內容。當然,學習的內容除了基於不同時空環境下會有不同的議題領域外,一個霸權國的推動以

及國際建制與國際組織的運作與影響力更是展現國家學習內容的
直接要素，否則，即使國家吸收新的信念、知識與價值觀，除非衝
擊到國家利益的核心價值，不然仍是缺乏動力來調整政策。

四、國家學習的場域

　　國際建制與國際組織成為國家進行學習的最佳場域，因為，兩
者皆具備能規定國家間相互合作與競爭的規則以及獲取資源的規
範，透過這些規則、規範所形塑的權利與義務的約束行為，成為國
家進入國際建制與國際組織的門檻，國家為了獲得國際建制與國際
組織所提供的資源，藉由國家學習來達成取得成員身份的資格，待
成為組織的一份子之際，又開啟另一波的學習歷程。

　　此外，國家間對於爭議與合作的議題，經常是透過國家間的高
峰會議或是跨政府會議來進行協調，此種會議的舉行亦是提供國家
學習的場域，會議中所做出的決議對於參與的成員都具有約束力，
進而轉化為國家政策轉變的驅策力，透過國家彼此之間政策一致性
的形塑，強化互賴關係的提升，鞏固國際合作的開展，更將新的理
念、知識與價值觀落實於各個國家的實際政策制訂之中。

　　準此，國家學習的進行乃在於議題領域、政策調整所形成的場
域之中，例如規範、國際建制與國際組織建立的程序中以及跨國會
議的召開等，用以解決行為者間所遭遇的衝突及爭議，或是藉以強
化合作的態勢，透過政策的制訂抑或調整，使得國家學習得以開展
與落實。

五、國家學習的方式

　　國家間展現學習的方式，主要是藉由彼此政策的制訂轉變、與協調來達成。亦即，國際社會透過對於某一議題領域的關注、國際環境產生轉變導致衝擊國家利益或是基於合作的前提，促使國家間進行政策調適的行為，藉由政策一致性的共識與作為給予該議題領域提供強力的後盾以及能量的來源，進而因應國際環境的轉變。此外，分析過往成功與失敗的政策經驗亦是學習歷程的開端，延續成功的政策作為或是修訂不適當的政策，強化國家學習的積極性。

　　再者，國際規範的建立亦是國家學習的展現方式之一，透過國際規範的確立與落實，展現國家行為者之間對於國際關係進行方式所抱持的理想，不僅如此，更能將此理想予以制度化、法制化，藉由政策的趨同及調整來形塑國家學習的意涵。

六、國家學習的分享

　　透國尋求合作的解釋途徑，亦可找尋出國家學習的分享脈絡。合作來自於行為者之間對事件或爭議起因的共同理解，進而誘發解決之道的分享，使得行為者的學習歷程得以開展。此外，上述對於事件或爭議的共同理解隱含著認同的因子，其因在於此種理解出於相同邏輯推演，這更是立基於相同的信念、價值觀與知識所構築的思維模式，亦成為行為者間共識的基礎。

　　所以，國家學習的分享，不僅涵蓋其政策制訂與調整的因果
關係，更是直接維繫著國家間共識的形成、認同的建立與鞏固、
信念、知識與價值觀的轉化，以及展現國際社會化實質意涵的
歷程。

　　綜合以上的論述，國家行為者藉由國際環境的轉變所形成的刺
激因素，造成其認知內容與結構的改變，透過國家內部的決策過
程，將所獲得的資訊、知識與價值觀，透過決策機制的運作，將其
轉化成為政策產出的動因，使得國家行為者對於國際社會的轉變與
國家利益的衝擊，做出適當的反應與政策的回應。不論從接收國際
環境的刺激、自身認知結構的改變、制度化的機制運作、以致於政
策的產出，都緊緊鑲嵌著國家學習的因子，這更促使國際社會化的
開展。

第三節　共同利益的認同

　　國際社會化的運作因素之一，乃在於參與者的集體認同與共同
利益的交會，透過認同與利益的結合，使得國家之間的行為能凝聚
共識，建立集體的行動目標，促使彼此間的行為學習動因，達成國
家社會化的推動，強化國際社會化的歷程。當然，此種共同利益的
認知與集體行動的產生，必須由國家利益、認同途徑與集體行動三
個層面所交疊而成。

壹、國家利益

國家利益就是國家整體的利益表現。現實主義論者認為權力就是國家利益，建構主義論者則是以認同來建構國家利益，國家透過學習的歷程，產生共同的知識與理解，強化國際互動進而形塑國際規範來維護其利益的延續。亦即，國家行為者基於其意願以及信念的結合，形塑行動（互動）的能動性，此一行動含括了制度與規範的建立。然而，利益屬於意願的範疇，認同亦是來自於信念，所以，利益與認同的結合亦是產生行動的途徑。（如圖5-3所示）

國家基於意願、利益、信念與認同的結合，不僅形塑國家利益的實質意涵，更建立起制度與規範來維繫共同利益的價值，當然，也因之展現出不同的國家利益內容，這些內容包括：

一、安全利益

安全利益指涉一國生存與發展最為核心的利益，包涵兩個層面，第一，保障領土完整，不受外來的壓迫與侵犯，進而維護國家主權的獨立性。第二，維護國家的戰略安全，亦即，避免國家捲入軍事衝突與戰爭之中。當國際社會的成員都免於安全的顧慮，國家才能持續的存在與發展，國際社會才能維繫穩定的環境，提升國際互動、互賴與合作的契機。

二、經濟利益

　　經濟涉及一國生存與發展的物質要素，國家的經濟利益啟動國家發展的動能，所以，保障經濟發展的必要條件就成為提升國家經濟力的能量。在對外關係層面，國家必須在國際的經濟互動行為中，維護本國在國際社會及世界經濟體系下的相對位置，保障對外貿易、投資、貨幣匯兌的穩定發展與成長。

三、政治利益

　　國家的政治利益主要是維繫既有的政治制度、防止外來勢力的干涉以及拓展國際社會的地位與影響力。亦即，主權獨立與完整的維護、積極參與國際事務藉以提昇在國際社會的角色扮演，都是維護與增進國家政治利益的方向。

四、文化利益

　　一國的傳統文化觀念、價值觀、宗教信仰以及意識型態，皆是構成文化的要素，更是直接衝擊文化利益的核心部分。所以，傳統文化的保持、價值觀的確立、宗教信仰的自由以及意識型態的維繫與重構，皆是一國文化利益之所以組成與強化的指標。

　　國家利益透過安全利益、經濟利益、政治利益與文化利益所構築而成，藉以形塑國家整體利益的意涵，國家行為者透過認同的集體性，進而建立起整體性的利益目標。

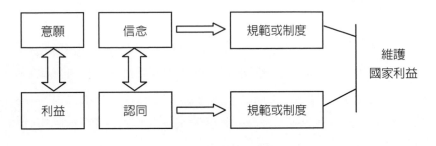

圖 5-3：利益建構圖

貳、認同途徑

　　無論是弱的認知論抑或強的認知論都強調國家的認知結構是來自於利益的驅使與建構，透過議題領域的驅動，誘發利益的能動性，基於維護或增進國家利益的前提，促成國際性的行為，這是認同途徑的過程。而 Wendt 則是區分統合認同（corporate identity）與社會認同（social identity）兩種類型的認同模式。[13]

一、統合認同

　　此一認同是源自本質的（intrinsic）、自我組織的特質，藉此建構行為者的個體性。對於人而言，認同乃意指良知的經驗與主體；

---

[13] Alexander Wendt, " Collective Identity Formation and The International State," *American Political Science Review* , Vol.88 , No.2 (1994) , p.385.

就組織而論，則是指涉其組成的個體、物質資源、分享的信念以及呈現出個體之所為「我類」功能的制度。據此，統合認同含括以下幾種利益或態度：[14]第一，物質安全，包括其組成成員的差異性。第二，世界關係下的本體安全或可預測性，用以創造穩定的社會認同的慾望。第三，對於其他行為者使用強制力的認知。第四，蘊藏於集體層面的發展，用以追求人類更佳的生活。

準此，統合認同提供涉入所有行動的動機能量，亦是源自於個體本質的特質，推至國家層次，信念、知識與利益形塑出統合認同的意涵。

二、社會認同

社會認同是指某行為者用以從其他行為者的觀點來探究自己的多套方法，是一種社會目標的展現。社會認同具備個體與社會結構的特質，透過認知基模（cognitive schemas）使得行為者能夠決定自己的身份以及在社會角色結構中的地位。[15]然而，某些國家的認同與利益的關係是來自內部社會的價值，例如民主、自由，有些則是由國際社會所形塑，例如霸權國或平衡者角色的扮演。

所以，認同是一種連續參數（continuum），行為者藉由利己（egoist）與一致的忠誠度涉入其中。

[14] Alexander Wendt, op.cit., pp.385-386.
[15] *Ibid.*

三、集體認同

　　集體認同意指多邊的認同，會因議題、時間與地域的不同而有差異，Wendt 則以結構系絡（structure contexts）、體系的過程（systemic processes）與策略實踐（strategic practice）來形塑集體認同的機制，[16]筆者則是將意識型態涵蓋在內。

（一）結構系絡

　　區域的結構或是全球國際體系構築國際互動的系絡，此一系絡可能會遏止或有助於集體認同出現的能動性。不論是新現實主義論者物質語意下的結構，抑或建構主義論者強調互為主觀的結構，都闡釋集體認同包括分享理解、期望、知識、物質資源與威脅，用以定義利益與認同的內涵。所以，當體系內的衝突越益升高之際，國家將更加防衛利己的認同，基於相對獲利的思維來形塑集體解決問題的動機。

（二）意識型態

　　不論是何種認同型態，意識型態的一致性亦是一項重要的分野指標，冷戰時期的美、蘇兩大集團的對抗，即是一例。不論是政治層面的民主與共產、獨裁的對立，還是經濟層面的市場經濟與管制經濟型態的分立，都說明意識型態形塑集體認同的重要性。

---

[16]　Wendt, op.cit., pp.387-391.

（三）體系的過程

上述的結構會藉由規範的實踐形成再製與傳遞，透過互賴行為的頻繁以及國內價值的跨國性傳遞來推展。亦即，透過貿易行為、成產要素的流動、核戰與生態環境破壞的威脅，以及文化與政治層面所展現的特質來建立體系互動的規範與價值，進而形塑集體認同的歷程。

（四）策略實踐

國家間之所以進行互動的策略考量，主要是基於行為與語意（rhetorical）的溝通方式所致。行為的溝通方式是基於合作的契機，亦即，在重複互動的賽局中，避免彼此的報復行徑以及互惠性的考量，藉由學習與互動力成而形塑認同。語意的溝通方式則是透過行為者間的對話、討論、勸服、教育、政治議題的爭辯來增進互動的作為，行為者從中獲得重新定義其認同與利益的目標，進而強化集體認同與共同利益的驅動力。

參、集體行動

社會或體系內部存在著不同的行動結構，此乃基於各種行動中所涵蓋的資源不同、行動各異以及背景差異所致。在同一時間內，由許多行為者所共同採取的相同行動，即為集體行動。據此，任何

行動都具有其目的，集體行動則是來自於權利或資源讓渡的行為、因信任關係以及對多數行為者產生影響的事件，所形成行為者間互動行為的交疊。

所以，將行為者推至國家層次，國家基於利益的評估、信念與知識的接收、信任關係的延展以及認同的形塑，進而產生集體的行動，透過一致性的立場表達與行動表現，用以解決集體性的問題，最終建立制度規範來強化此種行動的內涵，亦即國際合作的常態性。

根據上述的分析可知，共同利益需在幾個要素的交互作用下而產生，外部環境的轉變導致直接或間接衝擊國家利益的核心，這包括重大事件或戰爭的發生、信念與知識的傳播、認同的轉變等，進而形成集體行動的內涵，亦即，重塑安全、經濟、政治與社會文化利益的內容。

而 Liesbet Hooghe 與 Gary Marks 認為此種共同利益的展現場域，主要可由以下幾個指標來建立：戰爭、經濟利益、文化以及政治制度。[17]

就戰爭的影響而言，直接衝擊國家的生存與發展，一方面，戰爭會創造出一種「我類對抗他者」的心態與社群的集體認同，有助於將不同的社會團體整合於多族群的社會之中，就如同美國與蘇聯的內部情形。以國際環境觀之，戰爭的發生，直接形成國家間的對立與對抗，進而強化不同集體認同下的衝突，維繫各自集團的共同利益。另一方面，基於對戰爭所產生的負面影響，使得國家間會尋

---

[17] Liesbet Hooghe and Gary Marks, *Multi-Level Governance and European Union* (Boston , MA : Rowman and Littlefield , 2001) . pp.60-65.

求透過合作機制來降低因資訊的不確定性所形成的誤判，並藉由制度的運作，降低戰爭發生的可能性，並創造出共同的利益。

在經濟利益的層面，主要關鍵在於合作條件的創造。透過制度的建立，能夠提供國家行為者之間尋找出共同利益的場域，而共同利益含括了資源的分配，進而強化了合作的可能性。此外，在「複合式相互依賴」的概念運行下，國家間議題層級的消失以及變得更具多樣性，這意味著國家之間各類問題並無等級之分，而且，議題本身也呈現出多樣性的態勢。亦即，軍事安全已不再成為國家之間最為重要的議題，經濟議題在多元且複雜的互動網絡中展現其重要性，更強化經濟利益的集體性。

若就文化層面分析，集體認同的建立來自於語言、族裔、宗教信仰的同質性以及社會交易的過程。不過，在多元化的國際社會中，共同的認知取決於經驗與文化的分享，此一分享的歷程來自於成員國與參與者之間在社會與經濟層面的互動所致，藉由多元化、多重管道的互動，不僅強化文化的同質化，更深化認同的建構。亦即，行為者間的文化同質性越高，價值觀與意識型態的一致性也相對提高，這將更助於共同利益的形塑。

正式的政治制度，就國內層次而言，涵蓋議會、行政部門、法院等，不僅建構了認知的符號與形象，更提供了政治參與以及政策制訂的管道。就國際層次而言，政治制度隱含合作的場域，國家行為者之間透過制度所建構的機制，進行決策的歷程，達成共識的凝聚，其中亦涵蓋了決策與合法性機制。

總之，國際社會的共同利益，不僅透過國際與國內環境的管道來形塑，其中亦涵蓋信任、勸服、互惠、利益與意願等促成合作進而展現社會化歷程的因素在內。

第四節　國際組織的作用

　　個人政治社會化的過程，會受到家庭、學校、同儕團體、大眾傳播媒體等媒介的影響，對於個人在政治行為定向的學習與政治行為模式的形塑，形成不同程度的效果。對於國家而言，影響其國際社會化的媒介，則是聚焦於國際組織的運作。國家透過與媒介的互動及其所展現的影響力，使得國家產生如同心理學理論中的學習、認知與社會認同的效果。[18]

　　國際社會化的過程需要在社會化媒介與被社會化的行為者間產生結構的不對稱（structural asymmetry）狀態。[19]亦即，媒介扮演著資源守門員的角色，行為者為了獲得取得資源的資格，將會採取由社會化媒介機制所建構的信念與規範。透過這種對結構依賴的誘導，產生成為國際社會成員的學習過程，一方面是為了避免受懲戒，另一則是希冀獲得酬庸，其最終目的在於政治目標的達成，這意味著國家行為者會基於理性的思維，透過學習的過程，達到自利的最大化。

　　根據本書的定義，國際社會化的媒介是以國際組織為主要的分析對象。何謂國際組織？M. Duverger 認為國際組織可被視為制度下的形式，透過法律或是人類傳統所建立的社會組織結構或是集體

---

[18] Alexander Wendt, "Anarchy is What States Make of It-The Social Construction of Power Politics," *International Organization* , Vol.46 , No.2 (Spring , 1992) , pp.391-425；Colin H. Kahl, " Constructing a Separate Peace : Constructivism, Collective Liberal Identity, and Democratic Peace," *Security Studies* , Vol.8 , No.2-3 (1999) , pp.94-144.

[19] Lake, op. cit., p.117.

形式。[20]M. Wallace 與 D. Singer 則是透過以下三點來解釋跨政府國際組織的構成要素:第一,此組織至少由兩個受國際社會成認知國家組成,透過協定的簽署,證明其正式存在的基礎;第二,必須定期召開大會;第三,需設置常設秘書處及永久總部確保工作的運作。[21]所以,國際組織是透過兩個或兩個以上的國家,透過協議而建立規範與原則,約束參與成員國的行為,並規定其權利與義務範圍的制度,其目的在於促成國際合作的契機。

國際組織的成因為何?筆者歸納分析包涵以下幾個原因:

一、政治情勢的發展

回溯國際社會的歷史脈絡,拿破崙戰後的國際社會,透過維也納會議的召開及其所揭示之正統原則、恢復原狀與補償原則的運作,使得歐洲維持長時間的穩固和平,卻也藉由歐洲協調制度的建立,保障採行保守主義的各王室的利益。維也納會議雖是一跨政府會議的形式,卻也含括國際性談判與協商的本質,更是促成國際協調制度的組織形式,亦即,由俄國、普魯士與奧國於 1815 年所組成之神聖同盟(Holy Alliance)以及英國、由俄國、普魯士與奧國所組成之四國同盟(Guadruple Alliance)的建立,這更開啟同盟形式的國際組織型態。

---

[20] M. Duverger, *The Study of Politics* (London , England : Nelson , 1972) . p.68.

[21] M. Wallace and D. Singer, "Intergovernmental Organization in the Global System 1815-1964," *International Organization* , Vol.28 , No.2 (Spring , 1974) , pp.239-287.

之後包括俄國、德國與奧國所組成的三皇同盟（The Three Emperors' League, 1881）、德國、義大利與奧國所建立的三國同盟（The Triple Alliance, 1882）、英國、法國與俄國於 1907 年所形成的三國協約、1919 年成立的國際聯盟（League of Nations）、1945 年成立的聯合國（United Nations, UN）、1950 年成立的北大西洋公約組織（North Atlantic Treaty Organization, NATO）、1972 年成立的歐洲安全合作組織（Europe Conference for Security and Cooperation, ECSC），均是因當時的國際政治情勢轉變之際，國家間基於共同利益的維繫或穩定國際體系，建立具備軍事同盟或是政治聯盟形式的國際組織。

二、經濟情勢的需求

國際社會於 1870-1880 年所遭遇的經濟大蕭條，以及 1929 年的世界經濟大恐慌，均使得國家間紛紛築起關稅障礙、透過降低幣值以及補貼本國產業、限制配額等非關稅貿易障礙等方式作為解決之道，此種方法卻形成更為嚴重的經濟衰退，於是在英國及美國藉由國際組織的作用，來協調國際金融與貿易政策、穩定國際金融體系的秩序。例如 1944 年建立的布萊頓森林體制、國際貨幣基金（International Monetary Foundation, IMF）、國際復興與開發銀行（International Bank for Reconstruction and Development）、1947 年建立的關稅暨貿易總協定（General Agreement on Tariffs and Trade, GATT）以及 1995 年所成立的世界貿易組織（World Trade Organization, WTO）等，皆是當時國際經濟情勢陷入衰退與形成危

機之際，國際社會透過霸權國的領導，以集體的力量來解決所面臨的經濟情勢的巨變。

此外，對於經濟領域的整合態勢，亦是形成國際組織的經濟因素之一。在 1960 年代，經濟學者 Bela Belassa 曾提出幾種區域經濟整合的發展模式，根據其所提出的建議，在經濟領域的整合歷程中，提供不同程度的建議。貝拉薩依照整合程度的不同，提出五個階段：[22]

(一)「自由貿易區」（free trade area）：採取非關稅及貿易配額的措施。此階段為經濟整合的起步，參與國主要針對關稅的廢除與配額設限達成共識。

(二)「關稅同盟」（customs union）：除廢除關稅外，參與國對於非參與國設定共同的對外關稅措施。

(三)「共同市場」（common market）：除了採取廢除關稅、共同對外關稅之外，允許參與國間在生產要素──資本、勞務、人力等的自由流通。

(四)「經濟同盟」（economic union）：參與國間形成一致的經濟政策，並進一步形成固定的匯率及相同的財政與貨幣政策，換言之，朝向單一貨幣的目標邁進。

(五)「全面的經濟整合」（total economic integration）：除了前述的各項關稅、政策的一致性外，此一階段乃屬於經濟整合歷程中，最高及最終的型態，意指參與國在經濟

---

[22] Bela Belassa, *The Theory of Economic Integration* (Homewood , IL: Richard D. Irwin , 1961) . p. I .

> 政策與財政及社會政策方面，均已到達一致性的共識，
> 亦即在政策、政治機構上均已形成統一的境界。

在國際社會發展的歷程中，早在 1823 年就已經出現關稅同盟
的經濟合作型態，1958 年歐洲經濟共同體的建立則是開啟另一波
經濟整合的趨勢。準此，國際組織的型態更在經濟整合的推波助瀾
下形成並展現其作用，強化國際社會成員間的利益整合以及合作的
態勢。

三、產業擴張的需求

根據 G. Mangone 歸納國際組織組成之「情勢結構」的分析層
次，分為以下三類：第一，交通運輸因素。第二，訊息傳播因素。
第三，公共衛生、勞動條件與農業經濟因素。[23]

歐洲各國的商業人士在十九世紀都在思考如何撤除國家邊境的
交通障礙，藉以讓其商品能形成跨國的交易行為。於是在維也納會
中，批准了「萊因河船舶航行法」（Rheinschiffahrstsakte），該法案不
僅具有成員、任務與組織的結構，還設立國家間的行政管理機構，
成為管理國家間交通運輸的國際組織。此後，包括 1821 年易北河、
1923 年威希河（Weser）、1830 年馬斯河（Maas）、1856 年多瑙河以
及 1885 年剛果河等，皆建立了河川管理委員會性質的組織。[24]

---

[23] G. Mangone, *A Short History of International Organization* (New York , NY : McGraw-Hill , 1954) . pp.67-93.

[24] 朱景鵬，《國際組織管理──全球化與區域化之觀點》。台北：聯經出版社，2004，頁 85。

　　1889 年成立的「預防海洋船隻衝突國際規則」(Prevention of Collision at Sea)，其目的在於規範國際海洋交通秩序，後來演變成為 1982 年的「國際海上交通組織」(International Maritime Organization)。此外，包括 1994 年的國際民用航空器航行組織 (International Civil Aviation Organization) 等，都是國際社會基於交通運輸的需求，不論是產業或是人員的運輸作業，透過國際規範與組織的確立，強化管理相關的業務，增進國家間的互動。

　　再者，二次大戰後由「世界電訊協會」更名的「國際電訊聯盟」(International Telecommunications Union)、「萬國郵政聯盟」、1971 年成立的「國際通訊衛星組織」(International Telecommunications Satellite Organization) 等，都是針對訊息傳播的種類、費用標準與分配，透過國際組織的建立，制訂出相關配套的措施與規範，用以維持相關訊息領域的秩序。

　　由於國家間的往來與互動頻繁，其間所引發的公共衛生問題，也成為關注的焦點，例如十九世紀的歐洲地區，曾爆發六次嚴重的霍亂瘟疫病毒大流行，這使得歐洲國家為此召開多次的公共衛生會議，並於 1880 年通過「國際公共衛生公約」，其中，特別重視國際港口城市的衛生監督與管控。[25]而 1907 年成立的「國際衛生署」亦在二次大戰結束後，發展成為「世界衛生組織」(World Health Organization)。

　　所以，由上述分析可知，國際組織的形成，會依據不同的議題領域而建立，其目的在於解決國際社會所遭遇的問題，甚至是危機的情勢，藉由共同利益的形塑，透國集體的力量來完成解決之道。

---

[25] 朱景鵬，前揭書，頁 86。

準此，國際組織的角色與功能亦可由其成因與所欲解決的問題來分析：

一、共同利益的形塑

不論是基於政治情勢的轉變、經濟發展的需求抑或產業發展的相關議題，國際組織透過其組織結構來形成利益聯結與匯集的場域，藉由制度的設計，透過論壇或是跨國會議的召開，形塑成員間利益聯結的議題領域，亦即，形成共同利益的需求項，再藉由組織內部的決策過程，包括政府間的談判、決策的投票機制、組織成員間的學習與勸服行為，亦即，政策轉換過程，將符合集體利益的政策、規範或制度予以產出，從而實現聚合成員國共同利益的目標。

二、規範散播的功能

國際組織所建立的規則與規範，主要是對於成員國形成約束性的權利與義務，而國際組織的成員國更成為此種規範的傳遞者，將其間所涉及的利益配置散播給其他國家，進而創造出更佳的互動，強化國際合作的開展。以聯合國所揭櫫的人權理念為例，1948 年 12 月於聯合國大會所通過「世界人權宣言」（Universal Declaration of Human Right），成為國際社會的共同價值，而歐洲理事會各國於 1950 年 11 月 4 日於羅馬簽訂歐洲人權公約。此外，1975 年 8 月 1 日於赫爾辛基（Helsinki）發起的「歐洲安全及合作會議」（The Conference on Security and Co-operation in Europe），其中一項重要

的任務即對於人權保障及其重要性進行協商，並於赫爾辛基與日內瓦會議（Helsinki-Geneva Conference）中各國就人權問題達成十項原則。亦即，對於人權議題的重視，透過聯合國、歐洲共同體等國際組織的推動，成為國際社會所關注的議題領域。

再者，例如世界貿易組織在經濟領域的議題中，建立起自由市場的規則、維繫世界經濟秩序，使得國際社會依其制訂的規範進行經貿的互動與往來，進而強化世界金融體系的運作。此外，國際組織藉由對於爭端事件與議題提出解決方案、建議或是規則的產生，成為各成員國制訂外交政策的決策工具。

三、資訊傳遞的場域

國家間不論是基於合作的互動抑或因衝突而呈現的緊張與對峙的態勢，最重要的是資訊流通是否對稱，亦即，彼此所掌握對方的資訊是否正確與充分，這常是深化合作模式或是產生危機甚至戰爭爆發的關鍵因素。國際組織則是提供國家間進行資訊交流的場域，不論是直接或是間接的資訊（直接由當事國或是透過第三國得知的消息），都能傳遞給予當事國各造。此外，國際社會所形成新的理念、知識、價值觀或是利益配置，亦能透過國際組織來進行散播，使得國家間能夠在此一場域中接收上述的觀念。

四、社會化的功能

國際組織的所展現的社會化功能，主要來自於成員國對於組織所表現出忠誠度（loyalty）的強度而論。亦即，成員國對於國際組

織所建立的規範、權利與義務的遵守、價值信仰體系的認同以及實際的實踐所展現出的國家學習歷程，進而使得國際組織扮演起媒介的角色。當然，就國家的立場而言，加入某一國際組織的態度皆是自願參與的，因此，國家不會被強迫成為某組織的成員，從此一系絡分析，組織約束成員所訂定的規範越強，且成員國對其所展現的忠誠度越高，則該國際組織的社會化功能也越強。

總之，國際組織不論其性質為何，其目的在於透過共同利益的建構，以成員集體的力量來解決所面臨的窘境，藉由規範的制訂來約束成員國間的行為，強化成員國間資訊的流通來降低交易成本，增進國際合作的態勢，進而展現國際組織扮演國際社會化媒介的角色。

第五節　法制化

討論「法制化」之前，必須釐清「合法性」（Legitimacy）的概念。Max Weber 認為合法性即是促使人們服從某種規則的動機，任何群體服從統治者命令的可能性主要依據他們對於政治系統的合法性是否相信。[26]John Rawls 則是從規範的角度分析，強調正義是合法性的基礎。[27]Jurgen Habermas 則強調合法性意味著某種政治秩

---

[26] Max Weber, *Economy and Society : An Outline of Interpretive Sociology* (Berkeley , CA : University of California Press , 1978) . p.213.

[27] John Rawls, *A Theory of Justice* (Cambridge , MA : Belknap Press of Harvard University Press , 1971) . pp.1-22.

序被認可的價值。[28]亦即，合法性意指社會秩序與權威被行為者所認可和服從的性質與狀態，其目的在於為政治統治提供理由。Almond 與 Verba 認為合法性是對於特殊制度所匯集各種層次的支持與認同。[29]H. Wallace 則是根據歐洲層次的觀點來說明合法性，亦即，基於支配歐洲認同與創造出核心歐洲制度的出現，使得歐洲人民在共同的歷史、文化、政治價值與認同的約束下，強化歐盟的合法性。[30]

　　由上述學者的論點可知，法制化則是合法性的取得以及維持的過程，據此，在既存的社會體系下，法制化世界由遵守相關的規範而展現的。Abbott、Keohane、Moravcsik、Slaushter 以及 Sinidal 認為法制化是規則被遵守的程度、規則的精確性與向第三方解釋、監督並加以實踐的功能，也就是包含以下三個要素：[31]

一、義務性（obligation）

　　法律規則與承諾隱含著特定約束型態的義務，而法律義務則是不同於來自強制、禮讓或道德的義務，法律義務是建立包括規範、

---

[28] Jurgen Habermas, *The Theory of Communicative Action* (Boston , MA : Beacon , 1984) . pp.201-211.

[29] G. A. Almond and S. Verba, *The Civil Culture* (Princeton , NJ : Princeton University Press , 1963) . pp.18-35.

[30] H. Wallace, " Deepening and Widening : Problems of Legitimacy for the EC," in S. Garcia , ed., *European Identity and the Search for Legitimacy* (London , England : Pinter , 1993) . p.101.

[31] Robert W. Abbott, Robert O. Keohane, Andrew Moravcsik, Anne-Marie Slaushter, and Duncan Sinidal, " The Concept of Legalization," *International Organization* , Vol.54 , No.3 (Summer , 2000) , pp.408-417.

程序及形式的法制體系。準此，義務性乃指國家或其他行為者受到單一或一套具有法律效力的規則與承諾所約束。Abbott、Keohane、Moravcsik、Slaushter 以及 Sinidal 則是根據義務性的強度亦可區出不同層級的指標來分析（由強至弱）：無條件的接受義務→政治條約：隱含義務的條件→勸告式的義務→無須法律制訂授權的規範→明確的表達拒絕接受法制約束的意圖。

亦即，義務性對於行為者的影響程度，端視參與者服從規範與法律效力的意願而定，這也與其對於規則以及國際法的認知有關。

二、精確性（precision）

精確性的規則用以清晰且明確的具體說明國家或其他行為者所期望的特殊環境安排。亦即，法制化的精確性意指明確的定義所應遵行的規則與承諾以及所需求、允許以及禁止的行為，此外，精確性定義限制、例外與法律漏洞用以減緩規則所帶來的衝擊。Abbott 等人依據精確性所展現的強度，由高至低的闡釋為：限制議題的解釋所形成的有限規則→實質卻受限的議題解釋→僅限於特定情勢的標準→基於強迫而無法決定。

精確性在於使行為者明確的理解所應遵行的規則與承諾內容，以及所應避免的行徑內容，不僅能讓參與者皆有可供形塑行為的依據，更可據以作為懲戒行為不當者的標準。

三、授權性（delegation）

　　法制化的授權性乃是國家或行為者委任權威當局去設計出執行協定的機構，包括法院、仲裁者、行政組織等。準此，法制化透過權威性的授權去執行、解釋與提供規則，並解決爭議以及制訂更為深化的規則。在爭議解決層面，Abbott 等人將授權性所呈現的強度，由高至低：透過法院的決議→具約束性的仲裁→不具約束性的仲裁→調解→制度化的談判→政治談判。而在規則制訂與執行層面，授權性的強度展現，由高至低：具約束性的規則→具約束性的內部政策→協調性的標準→簽署公約→規範的聲明→具談判性質的論壇。

　　法制化的授權性在於執行層面的規範，透過具有權威的授權機構來制訂與執行對於行為者產生約束且需遵守的規則、原則、規範與決策程序，用以強化法制化的影響層面。

　　根據前述的三個變數分析，義務性最低的形式即為非法制性的規範，而最高的狀態即是具約束性的規則，而精確性的最低限度的展現即為模糊不清的原則，最高的型態則是精準、且相當詳盡的規則，而授權性的最低形式即為外交行為，最高的形式則是國際組織的建立以及國內應用。據此，可將國際法制化的模式區分為八種類型，三項指標均為最高的理想類型即為類型Ⅰ所示，亦即硬法[32]（Hard Law），三項指標均為最低的類型則為類型Ⅷ，即是無政府狀態（如表 5-2 所示）。

---

[32] 硬法意指透過法制化來約束義務的履行，藉由精確性的規範內容與委任權威得以闡釋與執行法律的實質意涵。

　　由上述的分析可知，法制化的過程涵蓋兩種內化的歷程，第一是國際建制或組織的規範內化，其二則是參與國家將國際規範予以法制化內化過程。亦即，對於國家遵守國際規範、承諾與國際法的主要原因之一即是其合法性的存在，透過法制化的過程使得國際建制或國際組織成為通過規則、規範制訂的場域。國際建制或是國際組織的合法性在於其所施行的規範從建立、實踐、修改乃至於完備過程，都是透過許多成員國的參與，據此，國際建制與國際組織的規則、原則、規範與決策程序都必須得到參與國的認可，藉由其國內法制化程序來加以確認，並內化成為國家的法律體系之中。

　　準此，法制化進一步闡釋如下，第一，法制化是一種明確的制度化形式。第二，法制化的制度被視為具有功能性的價值、偏好與國內政治行為者的動機，以及具體化的國際規範。第三，法制化之所以能推動國際合作乃在於透過國家間的互動與跨國性的法制化所產生政治的功能，強化行為者對於國際義務的順從。第四，法制化對於世界政治的效果，就長期而言，需有賴於合法性持續不斷的散播，這又必須憑藉著國際規範的演進對於國內與跨國政治所形塑出行為者的利益認知而定。

　　正如研究國際建制領域中，主張強的認知論者所採取的觀點，透過國際社會途徑或合法性力量，使得國家行為者在法制化的國際社會中行為，並且強調認知在國際社會中建構理性選擇的角色，亦更進一步說明國家藉由社會化以及規範與信念的內化歷程對於所構建出制度延續的影響力。[33]此種認知包涵共同利益配置的合法性與法制化所鑲崁的約束性。

---

[33] Andreas Hasenclever, Peter Mayer, and Volker Rittberger, "Integrating Theories of

表 5-1：國際法制化的模式

類型	義務性	精確性	授權性	範例
理想類型：硬法				
類型 I	高	高	高	歐體、世界貿易組織—智慧財產權的規範、國際犯罪法庭
類型 II	高	低	高	歐洲經濟共同體—反托拉斯法案、世界貿易組織—國民待遇規定
類型 III	高	高	低	美蘇武器管制條約、蒙特婁議定書
類型 IV	低	高	高（中）	聯合國永續發展委員會
類型 V	高	低	低	維也納臭氧公約
類型 VI	低	低	高（中）	聯合國專門機構、世界銀行
類型 VII	低	高	低	赫爾辛基最後文件
類型 VIII	低	低	低	G7、權力平衡
理想類型：無政府狀態				

資料來源：Robert W. Abbott, Robert O. Keohane, Andrew Moravcsik, Anne-Marie Slaushter, and Duncan Sinidal, " The Concept of Legalization", *International Organization* , Vol.54 , No.3 (Spring , 2000) , p.406.

　　再者，法制化的另一重要的面向在於解決爭議。國家間藉由明確的法制化規範來約束彼此間的行為，一方面藉由共同利益的建立與資源的配置作為維繫規範的獎勵，另一方面則是對於違背規範的行為者給予懲戒，展現法制化的強制力。透過利益的誘因與懲戒的實施，使得國家間的衝突與爭議得以化解，進而基於認同法制化的權力，強化合作的態勢。此外，國家對於法制化的認知，亦會根據其法律文化與法律制度而產生不同的建制及組織型態。若以區域的特質來分析前述的因素，從強調團體協調、一致性、非正式與避免

遵守法制主義等指標觀之，歐洲與亞洲地區的建制與組織型態就反映出所屬文化層面的差異及其價值。

亞洲國家對於爭端解決的方式，雖透過集體方式、以避免衝突的法律主義為準則，例如東南亞國協（Association of Southeast Asian Nations, ASEAN）、亞太經濟合作會議（Asian-Pacific Economic Cooperation, APEC）、東南亞區域論壇（ASEAN Regional Forum, ARF）等國際組織，卻仍希冀藉由非正式的、秘密的型態來化解歧異，雖以多邊主義形式的國際建制抑或國際組織為其合作型態，卻常以雙邊的默契來深化彼此間的互動，藉以體現出亞洲地區以夥伴關係為合作基礎的文化與制度意涵。

若從議題領域的層次分析，根據表 5-1 所示，經濟領域的議題（包括歐體、世界貿易組織下智慧財產權的規範），在法制化的類型中，三項指標的強度（約束性、精確性與授權性）皆為高，屬於類型 I 接近於硬法的規範，而政治性議題（G7、權力平衡），三項分析指標則皆為低，屬於類型Ⅷ而與無政府狀態貼近。所以，議題領域的性質亦會對於法制化的制訂與執行，形成重大的影響。

準此，國際建制與國際組織的內部懲戒機制之運作導引出國際社會化的核心概念之一，亦即，「法制化」的機制。如何形成「法制化」的機制？透過「制度」抑或「組織」的載體，鑲嵌出「合法性」的路徑，使得社會化歷程在「法制化」與「合法性」的引導下，讓國家與其他行為者內化國際社會所構築的規則與規範，使其遵守與執行。

此外，合法性成為國家基於自利與共同利益的考量而進行國際社會化過程的核心因素之一。國家透過制度化的機制，制訂出規

範、通則、秩序、信念與決策過程，建構合法性的權威，而理性的行為者更視合法性為其獲取政治權力、改善其權威地位的資格，以及增進其治理能力的資源。亦即，法制化更在合法性於國家間建構認知的同時，展現出影響國家間互動的規範，強化國際合作的態勢。

以下便將本章所建立的分析指標，透過建構國際社會化的主體性內涵，亦即合作的指標來做一主觀互證的分析，藉以更為清晰的理解本章所建立的分析指標，及其與國際社會化的聯結。茲以表5-2來做一整理。

根據表5-2可知本書所定義的合作與國際社會化主要的分析指標間的關聯性，以霸權國（強權國）的影響分析，霸權國扮演理念與信念擴展的角色，以其自身的實力來強化國家間的信任關係與勸服的歷程，更掌握共同利益的配置以及懲戒不服從規範的國家，藉以達成規範的建立。而國家學習則是涵括理念、信念與知識的傳遞，當國家行為者學習到社會化的內容，藉由互惠性的連結促使規範的建立。

共同利益的認同是國家行為者間基於對共同利益認知的勸服歷程，藉由信任關係的建立、互惠性的連結，強化規範建立的過程。國際組織的作用則是國際社會化的另一重要的分析指標，國際組織提供一個場域包括理念與信念的擴展、以及國家行為者間的勸服歷程、互惠性連結、利益配置以及懲戒機制的場域，更是規範得以建立與推展的重要機制。法制化的分析則是闡釋國家間對於國際承諾的信任，這也涵括國際規範建立的內化歷程，亦是展現國際社會化的內化概念。

表 5-2：國際社會化的分析指標與合作指標的關聯

	霸權國（強權國）的影響	國家的學習	共同利益的認同	國際組織的作用	法制化
理念與信念的擴展	☆	☆		☆	
知識的傳遞		☆			
信任的建立	☆		☆	☆	☆
勸服的歷程	☆		☆	☆	
互惠性的連結		☆	☆	☆	
利益的配置	☆		☆	☆	
懲戒機制	☆			☆	☆
規範的建立	☆	☆	☆	☆	☆

資料來源：作者自製

第六章　歐盟東擴之個案分析

　　冷戰結束後，國際環境發生根本與結構性改變。蘇聯解體後所形成的情勢——共產主義的崩潰、華沙集團的解散——這使得東、西方軍事對峙的緊張關係宣告解除。就後冷戰時期的歐洲局勢觀之，以西歐國家為主體的歐盟以及以美國為首的北大西洋公約組織，皆積極的向中、東歐國家擴張，以期完成與調整其戰略性的運作。對於歐盟而言，採行東擴政策的原因在於：歐盟應極力爭取成為歐洲地區在政治、經濟層面的主導力量；基於區域整合效果的外溢，歐盟需藉由東擴來增進其影響力，再者，歐盟既然要成為主導的力量，就需要不斷的擴張其成員。

　　對東歐國家而言，蘇聯崩解之後，繼之而起的乃是前華沙集團成員國內部發生的政治不穩定、經濟混亂、宗教衝突與種族糾紛，在權力真空的情勢下，為求穩定發展的空間，透過與西歐國家間進行「合作」，保障東歐國家因政治與經濟轉型而產生的動盪情勢。歐盟所推動的東擴政策，便是基於「合作」的主體性，進而顯現出國家社會化的歷程。本章先就歐盟東擴政策的發展歷程作一分析，之後，便根據本書所建構的分析指標來分析歐盟東擴政策下，所展現的國際社會化過程。

第一節　歐盟擴大政策的歷程

　　國際局勢的變化，常常是影響一個國家甚或國際組織在其政策上異動的主要變項，藉由政策的調整，使得國家或組織能在變動的國際情勢之中，運作正常，而蘇聯的解體即是一例。蘇聯的解體，使得民主化的浪潮衝擊中、東歐國家的體制運作，亦為歐盟向東擴展的戰略奠下基礎。自十七世紀以降，每當歐洲發生重大戰爭之後，必定有人倡言將歐洲現有的國家，合併成單一帝國或是邦聯、抑或聯邦，以為往後的長久和平做一保障。事實上，承繼羅馬帝國精神的結果，歐洲人民所憧憬的「統一的歐洲」，長久以來，一直都是追求的目標所在。

　　在歐洲整合的過程中，歷經五次的擴大，並且從 1957 年的 6 個創始會員國開始、歷經 1973 年的 9 個會員國、1981 年的 10 個會員國、1986 年的 12 個會員國、1995 年的 15 個會員國以及 2004 年的 25 個會員國。（如表 6-1 所示）

　　歐盟的第五次擴大所涉及的國家數目最多、歷經的時間也最長（整體而言，長達近 14 年），土地面積與人口數亦是最大最多的一次，經過此次的擴大，歐盟的整體面積增為 430 萬平方公里，人口數億增為 4.8 億人（增加 1.1 億人），這也使得歐盟成為全球最大的區域經濟共同體，更成為最大的單一市場（由 25 個會員國所組成）。

　　如同之前的論述，歐洲國家的領導人與知識份子在歐洲地區遭逢巨變之際，皆亟思結束分裂局勢的想法與作為，紛紛提出解決之道。而在冷戰時期，中、東歐國家幾乎全數落入蘇聯所宰制之共產主義的鐵幕之中，當蘇聯解體之際，為避免中、東歐國家再次陷入

表 6-1：歐盟五次擴大的時間與新加入之成員國

歐體成立：1957 年	法國、德國、義大利、荷蘭、比利時、盧森堡	
第一次擴大：1973 年	英國、丹麥、愛爾蘭	1967-1973.1.1
第二次擴大：1981 年	希臘	1975-1981.1.1
第三次擴大：1986 年	西班牙、葡萄牙	1977-1986.1.1
第四次擴大：1995 年	瑞典、芬蘭、奧地利	1. 奧地利：1989-1995.1.1 2. 瑞典、芬蘭：1992-1995.1.1
第五次擴大：2004 年	波蘭、捷克、匈牙利、愛沙尼亞、斯洛文尼亞、塞普路斯、斯洛伐克、拉脫維亞、立陶宛、馬爾他	1. 塞普路斯、馬爾他：1990-2004.5.1 2. 波蘭、匈牙利：1994-2004.5.1 3. 斯洛伐克、立陶宛、拉脫維亞、愛沙尼亞：1995-2004.5.1 4. 捷克、斯洛文尼亞：1996-2004.5.1

資料來源：作者自製

俄羅斯的控制之下，歐盟則必須將中、東歐國家納入其體制，其目的主要是出自於政治與經濟利益的評估、西歐地區安全以及歐洲穩定的考量，同時，也是為了擴張其勢力範圍所致，進一步防止俄羅斯影響力的觸角，再次深入歐洲社會，從而危害歐盟的基本利益。

　　此外，歐盟藉由向東擴展的策略，使得歐洲地區將可逐步實現統一的態勢，中、東歐國家透過政治與經濟體制的轉型，取得成為西歐社會成員的身份認同，繼而融入西歐社會的運作，形塑

出更為壯大的經濟共同體，進而能與美國相抗衡，爭取歐洲事務的主導權。

歐盟在九十年代初期起，便開啟一連串的援助計畫來協助中、東歐國家進行經濟領域的改革。首先，歐盟對中、東歐國家透過「PHARE」（法爾計畫）[1]提供財政協助來支持該等國家進行改革。從 1990 年 1 月開始實施的法爾計畫，總計援助保加利亞、捷克、南斯拉夫、波羅的海三小國、阿爾巴尼亞、羅馬尼亞、斯洛文尼亞、斯洛伐克，以及之前的波蘭與匈牙利等國，以強化該等國家在進行改革與轉型時的穩定。（如表 6-2 所示）

亦即，歐盟藉由「法爾計畫」發揮對於中、東歐聯繫國（associated nation）的政治影響力，使其接受西歐國家的價值觀、政治與經濟體制的運作，為融入歐盟的政治與經濟整合做準備。

根據「法爾計畫」所援助的部分含括：農業改良、教育訓練、環境安全、人道與糧食援助、公共設施、失業救濟、區域發展等，歐盟成員國希冀透過援助的方式，強化中、東歐國家在公、私部門的發展。不過，此一計畫在施行的過程中，也出現了問題：[2]

第一，「法爾計畫」的程序過於繁瑣與緩慢。

第二，法爾計畫執行小組與歐盟執委會之間，以及與歐盟不同部門之間的關係結構複雜導致妒忌心態，導致計畫執行效率不彰與

---

[1] 西歐國家於 1989 年 7 月在巴黎舉行高峰會議，會中決議歐洲共同體委員會協調國際社會對波蘭與匈牙利的經濟和科技進行援助，這是「法爾計畫」的雛形，之後演變為歐洲共同體／歐盟援助中、東歐國家向市場經濟過渡與準備加入歐盟戰略的一項特別計畫。

[2] Alan Mayhew, *Recreating Europe—The European Union's Policy towards Central and Eastern Europe* (Cambridge, England: Cambridge University Press, 1998). pp.143-145.

表 6-2：法爾計畫受惠國家——中、東歐申請國

（單位：ECU million）

	1990	1991	1992	1993	1994	1995	1996	1997 -1998
捷克／ 斯洛伐克	34	99	100	na	na	na	na	na
波蘭	180.8	197	200	225	208.8	174	203	425.9
捷克	0	0	0	60	60	110	54	106
斯洛伐克	0	0	0	40	40	46	4.5	117.9
愛沙尼亞	0	0	10	12	22.5	24	61.8	63.8
匈牙利	89.8	115	101.5	100	85	92	101	196.9
立陶宛	0	0	15	18	29.5	32.5	37	75.1
拉脫維亞	0	0	20	25	39	42	53	94.3
斯洛文尼亞	0	0	9	11	24	25	22	41
保加利亞	24.5	106.5	87.5	90	85	83	62.5	215.7
羅馬尼亞	15.5	134.3	152	139.9	100	66	118.4	259.8

資料來源：作者根據 European Commission 網站資料自行整理

費時的情形屢見不鮮。由於歐盟對於「法爾計畫」實行多重管理原則，導致法爾計畫執行小組與歐盟執委會計畫管理機構之間在受援國內的分工不清，再加上官僚主義嚴重，使得計畫效益不高。

第三，政治控制與干預不斷的增加，而且深入法爾計畫實行的細部細節，導致成效受阻。

第四，「法爾計畫」缺乏附帶條件，導致此計畫的實施無法確切影響受援國的經濟轉型過程，亦無法對受援國的整體經濟成長產生影響。歐盟會員有鑑於此，於 1997 年執委會發表「議程 2000」（Agenda 2000）的報告書中，提出改制「法爾計畫」的管理機制，並將其由「需求取向」（demand-drive）轉型為「同意取向」

（accession-drive）的援助計畫型態。亦即，透過歐盟執委會基於每一申請國的需求提出其建議，並以「有條件」（conditionality）的附帶要求給予聯繫國援助。

1994 年 12 月，歐盟成員國於德國召開埃森高峰會（Essen Summit），在會中制訂「準備加入策略」（Pre-accession Strategy）協助中、東歐聯繫國加入歐盟的內部共同市場，並以此為核心來推動該等國家與歐盟的經濟整合，其目的在於協助申請國逐漸加入歐盟的共同市場，而「準備加入策略」的作法中，針對「法爾計畫」進行部分的修正為：將根據結構基金的模式來撥款協助中、東歐國家，並藉由「完成共同法的立法程序」與「完成市場改革」來幫助聯繫國家達到內部市場一致性標準的目標。[3]此外，在此次會議中與會成員國亦達成共識，提高預算專款（ECU 1.1 billion）用以支付「法爾計畫」所調高的額度（由 15%調高至 25%），強化「法爾計畫」朝向第二階段的目標──整合聯繫國的財政狀況，使其步上歐盟整體的水準。

歐盟會員國於 1995 年 6 月在法國的坎城（Cannes）召開高峰會，通過中、東歐國家準備加入歐盟共同市場的「白皮書」（White Paper），經由歐盟會員國與歐盟執委會根據埃森高峰會的決議，將申請國整合至歐盟內部市場，來達成進一步推動中、東歐國家加入歐盟的政策。同年 12 月於馬德里（Madrid）所召開的歐盟高峰會，更進一步確立歐盟東擴政策的基調，並要求執委會（European Commission）起草對申請加入歐盟的中、東歐國家提出評估報告，

---

[3]　Richard Schoenberg, *Europe Beyond 2000-The Enlargement of the European Union towards the East* (London, England: Whurr Publishers, 1998). p.16.

並根據前述的報告決定入會談判的進程，以及分析歐盟的財政體系，並提交在東擴之後的財政結構報告。

1997 年 7 月 16 日，歐盟執委會發表「議程 2000」的報告書，文中提及執委會對於 10 個申請加入歐盟的東歐國家的評估，並論及歐盟擴大所可能形成的衝擊，同時也確立申請國加盟程序的架構，而在 1997 年 12 月所召開的盧森堡高峰會議（Luxembourg Summit），正式做出歐盟東擴的決議。至此，歐盟完成東擴政策的部署，也逐步累積向中、東歐國家招納成員的動能，2004 年 5 月 1 日正式接納 10 個中、東歐國家成為歐盟的會員國，使得歐洲整合的步伐更向前邁進一大步。

根據上述的分析可知，國際社會化的脈絡在以國際合作為主體性的歐洲社會中展現，中、東歐國家亦在歐洲強權國家的影響、國際組織所扮演的媒介角色、國家進行仿效的學習過程以及法制化的歷程中，進行政治、經濟體制轉型的社會化過程。以下便根據本書所建構的分析指標來深入剖析歐盟東擴政策下所展現的國際社會化歷程。

第二節　共同利益的認知

歐盟向中、東歐國家擴展的政策考量，來自於共同利益的認知，若從整體的層次分析，一個版圖擴張的歐洲，可加增其在國際社會的影響力，準此，不僅獲得地位的提升，更可強化安全領域的保障。此外，成員的增加亦強化共同市場的能量，這涵蓋內部市場的擴大、

勞動力、資金的自由流通，更可提高國際貿易的交易。若就個體層次而論，中、東歐國家則是希冀藉由成為歐盟成員的身份，重回歐洲的懷抱，並據此獲得安全上的保障以及經濟層面的協助，這可由尼斯（Nice）高峰會結束後，匈牙利、捷克、斯洛伐克與斯洛文尼亞等四國領導人展開會談後所發表的言論可知，[4]這些申請國家對於能夠成為歐盟成員的期待。以下筆者透過政治與經濟兩層面來分析歐盟東擴政策的推動，如何凝聚共同利益的共識，使得歐盟與中、東歐申請國在利益與成本的考量之下，做出符合共識的抉擇。

壹、東擴政策下的利益分析

　　歐盟所推動的東擴政策，其所帶動的利益可由政治與經濟兩個層面來分析：

一、政治層面

（一）就歐盟整體而論

　　蘇聯解體使得東歐地區呈現權力真空之際，中、東歐國家亦調整其對外政策的主軸，亦即，透過加入北約組織與歐盟的「回歸歐

4　法新社布拉第瓦電，〈歐盟東擴打開大門，四候選國歡欣讚揚〉，《歐洲日報》，民國 89 年 12 月 13 日，版 2。

洲」，藉此所能獲得的保障與協助，將是此等國家所欲追求的目標。對於歐盟本身而言，不僅希望能取得歐洲地區的主導地位，更希冀能藉以累積與世界強權國家並列的影響力。

就國際層次觀之，歐盟會員國向中、東歐國家擴展不僅可提升歐盟在國際社會與國際談判上的權力與聲望，更能強化歐盟在參與世界事務的影響力，進而影響世界上其他的貿易與政治集團。此外，2003 年的美伊戰爭亦顯露出歐盟與美國之間的矛盾與歧異，亦即，當蘇聯解體、兩德統一之後，歐盟的實力與國際地位亦不斷增強，不少跡象顯示：大西洋似乎變寬，處於大西洋兩岸國家間的互動關係似乎也變得困難，而美伊戰爭則是驗證此一推論的實例。

其實，此一徵兆已在歐洲整合態勢的深化、歐盟在防衛安全傾向的增長以及歐盟逐漸展現其在國際事務中強化與捍衛自身利益的立場表達過程中，多次與美國產生不同調的情形下發酵。歐盟藉由東擴政策的推展成效，一方面可顯示其整合效益的擴散，另一方面則是建立「一個完整的歐洲」與其他強權國競爭的集體認知，並強調領土的完整性所隱含的集體力量用以與其他強權國抗衡的實力展現。當然，歐盟所欲競爭的對象，即為具有霸權性質的美國。

此外，透過東擴政策的推動，將加速與其鄰近國家間的區域合作，藉由經貿實質關係的進展，搭配本身的政治影響力，強化歐盟在其鄰近國家（包括南歐、部份東歐國家）的政經實力，進而擴大與鄰近國家區域合作的範疇，向提升國際政治地位的目標推進。藉由上述區域合作關係的拓展，將觸角延伸至第三世界國家，經由經

濟合作關係的開展與深化，奠定歐盟在第三世界國家的合作態勢，並強化與加速推動相關的經貿政策，進而由經濟層面的合作拓展至政治領域，提升歐盟在第三世界國家的影響力。

在國家層次上，透過東擴政策的推動，將使得中、東歐國家藉由體制的轉型而建立民主制度，不僅增進對其境內少數民族的尊重，亦強化國家本身與歐洲地區的和諧情勢。此外，歐盟會員國亦可藉由東擴政策來改善與中、東歐國家關係，就德國而言，能與波蘭、捷克建立友好關係，將不必再為邊界的問題而掛念，對於南歐地區的希臘與保加利亞，以及義大利與斯洛凡尼亞也能改善彼此之間的關係，穩定歐洲整體的情勢。[5]

再者，從安全的角度分析，東擴政策能保障中、東歐國家在體制改革的過程中，維持其國家內部政局的穩定，不僅有助於歐洲社會整體的安定，更對於歐洲政經整合的發展能提供穩定的時空環境。而中、東歐地區的穩定將強化歐盟成員國中與該地區接壤國家（芬蘭、德國、義大利、奧地利與希臘）的相對穩定，當然，東擴政策的成功將使得中、東歐國家放棄繼續與俄羅斯為伍的抉擇。此外，藉由東擴政策的推動，有利於歐盟會員國與新加入國家間的進一步合作，共同致力打擊跨國刑事犯罪案件。另外，在歐盟環境政策領域中的核能安全，成為歐盟所關注的焦點，中、東歐國家的核能發電廠大部分都不符合國際安全標準，這將成為歐洲地區潛在的危機，所以，歐盟要求申請加盟的國家必須訂定出解決核能安全問題的辦法，並以此作為衡量該國獲得貸款與援助的條件之一。

5　Mayhew, op. cit., p.186.

（二）就中、東歐申請國而論

　　歐盟作為一個具有影響國際社會能力的國際組織，在國際談判的過程中更能彰顯其政治與經濟層面的影響力，當申請加入成為會員國之後，將使得中、東歐國家能夠直接參與歐洲事務的決策過程，從而影響歐盟政策的產出，此外，更因位居歐盟的成員之一，將使其提升國際的視野與地位。

　　在國家層次上，在尋求加入歐盟的過程中，歐盟透過經濟援助與法制化的規定用以保障中、東歐國家在政治與經濟體制轉型的過程中，維持其國內政經情勢的穩定，而在法制化的規定上，除了明確定訂出中、東歐國家加入歐盟的規範外，更能對於懸而未決的議題，提供場域作為溝通的管道，更藉由成為歐盟會員國的壓力，使得中、東歐國家藉由雙邊協定的簽署來化解歷史上既有的矛盾情勢，1996 年匈牙利與羅馬尼亞簽署的睦鄰和解條約即是一例。

　　若從安全的層面分析，中、東歐國家在蘇聯解體之後，失去提供其外部安全的屏障之際，希冀藉由加盟北約組織來獲得軍事安全的保障，不過，1998 年也僅有波蘭、捷克與匈牙利三國獲得加入，準此，中、東歐國家希望透過加入歐盟作為獲得安全保障的途徑，雖然無法如同北約組織對於成員國所提供的軍事安全的合作與保障，不過，若當歐盟的會員國遭受其他國家威脅與侵略時，歐盟其他成員國絕對不會坐視不理，勢必會對於該事件或爭端做出反應。

　　正如歐盟執委會主席普洛迪所言：「十個新會員國入會將終結歐洲的分裂，歐洲將首度合為一體，因為統一是出自於人民的自由

意願」。波蘭總統克瓦斯涅夫斯基在全國電視演說中表示:「我們正在創造歷史,最後的結果不負我們的努力,而是快樂的結果。2004年5月1日,我們將進入歐洲聯盟」。[6]德國總理施洛德則表示:「那些經歷二次世界大戰及戰後生活的人,在六十年前作夢也想像不到會有這麼一天」。曾大力促使歐洲恢復統一的前德國總理柯爾亦表示:「歐洲絕不會再有戰爭」。[7]

二、經濟層面

(一)就歐盟整體而論

將中、東歐國家納入歐盟的體制之中,在人口數部分就增加1.1億人,這代表著多了一億多的消費人口,這些消費人口亦代表潛在增加的市場,這對於共同體製造業的未來而言,無疑是最具實質的助益。亦即,中、東歐國家的加入提供了市場的擴大以及市場的整合。

此外,透過經濟體制的改革與轉型,將使得中、東歐國家提升經濟成長率,這也有助於歐盟納入新會員國後,不至於停滯整合的進程。該等國家經濟成長的提升將會刺激進口的需求,而經濟體制的改革與轉型帶動經濟現代化的進展,而經濟現代化又會增加資金

---

[6] 哥本哈根外電報導,〈歐盟東擴,接納 10 新成員國〉,《聯合報》,民國 91 年 12 月 15 日,版 12。

[7] 外電報導,〈25 國領袖聚首,新歐盟誕生〉,《聯合報》,民國 93 年 5 月 2 日,版 A1。

與貨物的需求，準此，中、東歐國家的加盟創造出激勵歐盟整體在相關產業成長與資金流動的契機，這也會對於歐盟會員國的經濟成長產生影響。

　　再者，歐盟藉由東擴政策的推動，有助於歐盟與歐洲整體提高國際競爭力，主要的關鍵於勞力的分佈主呈現出產業的分工層面。目前，歐盟內部的勞力分工不均，主要都集中於高工資的國家，不僅造成勞力分佈不平均，更加劇勞力集中國家的失業率問題，而歐盟東擴不僅提供中、東歐國家貿易的機會與分散勞力過於集中的問題，藉由專業化的產業與勞力的配置，獲得國際競爭中生產要素（成本）的優勢。

（二）若以中、東歐國家而論

　　中、東歐國家加入歐盟所獲得的經濟利益，可由成為共同市場的一份子來分析，亦即，1.各會員國在人員、財貨、勞務及資本方面得以自由流通之單一市場，2.強化歐盟市場機能為目的之競爭政策以及其他相關的政策，3.針對結構的改變與區域發展制定出共同一致的政策，進一步對區域內各國的經濟政策做階段性的協調，逐漸廢除經濟政策的差異，4.協調預算政策限制規定在內之總體經濟政策。準此，中、東歐國家可藉由經濟體制轉型以及經濟政策的調整，改善國家的經濟體質，強化經濟現代化的推動，進而增進在勞力、財貨與資金的獲益。

　　以捷克為例，捷克的主要政黨聯盟 Civic Democratic Party（ODS）、Civic Democratic Alliance（ODA）與 Christian Democrat

Union（KDU-CSL）以及其主要對手陣營 Czech Social Democrat Party（CSSD）均同意國家必須轉型為完全自由的市場經濟體制，藉以達到歐盟的標準，進而獲得更為實質的利益。[8]

再者，隨著中、東歐國家在政治民主化以及經濟自由化的改革，不僅創造出可供國際資本投入的環境，強化國外直接投資（foreign direct investment）的榮景，更助長經濟的成長與整合的契機。當然，此種經濟穩定的態勢無形中也強化了政治穩定的前景，亦創造出有利於國家整體情勢穩定的條件。此外，擴大公共設施的建設也是提升經濟現代化的指標之一，包括鐵路、電信等溝通地方網絡的管道，亦是對於經濟發展所需具備的基礎建設。

貳、東擴政策下的成本分析

歐盟東擴政策所形成的成本，主要透過對於歐盟整體以及中、東歐申請國兩個面來分析。

一、就歐盟整體而論

就歐盟的制度而言，東擴所新增的 10 國，亦擁有決策機制內的權限，這包括部長理事會（The Council of Ministers）中的加權投票比例、歐洲議會所分配的議員席次等，此一制度的擴增勢必對於

---

[8]　Sir William Nicoll and Richard Schoenberg, *Europe Beyond 2000* (London , England : Whurr Publishers , 1998) . p.74.

歐盟未來的決策產生衝擊。以部長理事會為例，透過三種不同的表決方式來決策歐盟的相關事務：

　　第一為「全體一致決」（Unanimity），主要是針對特別重要的事項或涉及重大的政治議題，在「一國一票，票票等值」的原則之下，由理事會出席表決之一致通過。[9]決議的範圍包括：執委會主席及委員之決定；歐盟法官之任命；對歐盟條約之增補與修改；新會員國之加入；與第三國或國際組織締結結盟協定等，都需要全體一致決的同意。不過，對於歐盟三大支柱（第一根支柱：共同體，第二根支柱：外交暨安全政策，第三根支柱：內政與司法領域）中的第一根支柱，即關於共同體的事務，是以條件多數決來決議。而第二、第三根支柱即外交暨安全政策、內政與司法領域的相關議題，是以一致決來決議，但是，重要的政策則仍維持一致決。

　　第二則為「條件多數決」（Qualified majority），在條件多數決的決議方式下，必須獲得 2/3 的票數才算達成協議。因此，二個大國與二個小國的聯合，就會形成 1/3 的「少數關鍵」票數，即可阻止一項決議的通過。而此一條件多數決的決議方式適用範圍乃在於重要性的事項（除了適用於全體一致決範圍之外的事項），而條件多數決的程序，無形之中提升了執委會的角色，因為在決策程序之中，當執委會不同意的情形下，想要修改執委會的建議時，理事會必須以全體一致決來修改。

　　第三則為「簡單多數決」（Simple majority），此一決議方式的適用範圍，大多在一些不受爭議、無政治性的程序性問題，例如理

9　根據 EEC 條約第 148 條第 3 項規定，棄權票不視同反對票，並不影響一致決的記票方式。

事會的內規等。表決時,每個會員國皆為一票,只要票數過半就可通過決議事項,而棄權票亦視為否決票。

由表 6-3 可知,未來歐盟決策之際,需達成全體一致決的難度提高,在此一範疇內,只要有一國反對,相關議案將無法過關進而形成整體的政策,在 25 個會員國的運作之下,更增添不確定性。而在條件多數決的權限範疇內,在東擴之後,扣除 2007 年才加入的羅馬尼亞與保加利亞外,總計 321 票,亦即,適用於條件多數決表決的門檻固定為 73.91%的得票率,需獲得 238 票(2/3 的票數)的同意票才能通過。

換言之,只要擁有 87 票(27%的票數)即可否決任一議案的通過。準此,只要 3 個大國同意即可形成否決(29＊3＝87),或是 2 個大國加上 3 個小國家的聯合亦可形成否決(29＊2＋12＊3＝94),不過,所有中、東歐國家的票數加總亦無法形成否決(扣除羅馬尼亞與保加利亞的票數為 80 票,要加上前述兩國的票數總計為 104 票,才能達到否決的門檻)。由此可知,大國的態度仍是關鍵。

此外,對於條件多數決的表決議案,會員國可要求查證此一表決議案通過之會員國人口比例是否超過歐盟全體人口之 62%,若贊成國家的人口比例未達上述的標準,該項議案則無效,此為總人口比例原則的適用範圍。[10]

亦即,在條件多數決的決策範圍內,只要藉由掌握 27%(87票)的票數,即可達成否決某一提案與政策產出的門檻,總之,不

---

[10] 藍玉春,〈歐盟尼斯條約評析〉,《問題與研究》。台北,第 43 卷第 4 期(2004.7-8),頁 78。

表 6-3：東擴後各會員國在歐盟決策機制中的票數配置

會員國	人口數（百萬）	東擴後部長理事會的票數	增減票數	東擴後歐洲議會的票數	增減票數
德國	82.0	29	+19	99	0
英國	59.2	29	+19	72	-15
法國	59.0	29	+19	72	-15
義大利	57.6	29	+19	72	-15
西班牙	39.4	27	+19	50	-14
荷蘭	15.8	13	+8	25	-6
希臘	10.5	12	+7	22	-3
比利時	10.2	12	+7	22	-3
葡萄牙	10.0	12	+7	22	-3
瑞典	8.9	10	+6	18	-4
奧地利	8.1	10	+6	17	-4
丹麥	5.3	7	+4	13	-3
芬蘭	5.1	7	+4	13	-3
愛爾蘭	3.7	7	+4	12	-3
盧森堡	0.4	4	+2	6	0
波蘭	38.7	27	※	50	※
捷克	10.3	12	※	20	※
匈牙利	10.1	12	※	20	※
斯洛伐克	5.4	7	※	13	※
立陶宛	3.7	7	※	12	※
拉脫維亞	2.4	4	※	12	※
愛沙尼亞	1.4	4	※	6	※
斯洛文尼亞	2.0	4	※	7	※
塞普勒斯	0.6	4	※	6	※
馬爾他	0.4	3	※	5	※
羅馬尼亞	22.5	14	※	33	※
保加利亞	8.2	10	※	17	※
總計	544.3	345		732	

資料來源：Axel Moberg, " The Nice Treaty and Voting Rules in the Council,"
Journal of Common Market Studies , Vol.40 , No.2 (June 2002) ,
pp.263-279.

論是需經由一致決或是加權多數決,在未來歐盟的決策過程中,都將產生更多的挑戰,也勢必會影響歐盟整體的政策制定。

　　歐盟每年在農業上的預算高達 430 億歐元,約佔歐盟總預算的40%,這對於中、東歐國家而言是最具吸引力的,因為 10 個新加入的會員國,大多依賴農業。此外,歐盟東擴之後將會在共同農業政策(Common Agriculture Policy, CAP)與結構基金(Structural Funds)的分配上,產生巨大的影響。在 CAP 方面,歐盟主要是透過對農民的直接補貼(以耕地面積或是牲畜頭數)、出口補貼、市場價格支持等方式,來補償因產量控制與價格降低所形成的損失。[11]當然,在歐盟不願將提高預算的共識下,中、東歐國家的加入,將使得歐盟的農民人數增加 1000 萬人,這勢必會影響歐盟在此一政策上的調整,更會造成 CAP 中利益的重新分配,尤其原先享有補助的法國與西班牙,將大幅減少在共同農業政策中所獲得的支助。

　　在結構基金方面,包括區域發展基金(Regional Development Fund)、社會基金(Social Fund)與農業指導基金(Agricultural Guidance Fund)以及 1993 年後所涵蓋的凝聚基金(Cohesion Fund)等四個部分,[12]其目的在於重新分配歐盟的收入,用以減少成員國之間的收入差異,藉以改善歐盟經濟社會的凝聚力。而結構基金大部分用於國民生產毛額(GDP)低於歐盟平均的 75%的地區,包括希臘、葡萄牙、愛爾蘭、西班牙以及義大利南部等地區,在不擴大預算支出的前提下,中、東歐國家的加入,將使得基金重新分配,

---

[11] Axel Sotiris Wallden, "EU Enlargement: How much will it cost and who will pay?" *http://www.eliamep.gr/_admin/upload_publication/184_1en_occ.PDF,_*1998.9, pp. 1-14.

[12] Mayhew, op. cit., pp.283-284.

這也將使得原先受援國所獲得援助的金額減少，在政策的制定與執行面向上，增添難度。

從經濟層面分析，在納入中、東歐國家之際，歐盟在其「準備加入」時期所需支付的援助計畫金額、對於農業的補助金額、區域基金中用於改善其基礎建設的金額以及用於補強該等國家收入不足歐盟整體水準的財政支出，保守估計東擴將使得歐盟增加 60%的預算，這勢必會增加各國的負擔，減緩各國的經濟成長，進而直接衝擊歐盟整體的經濟情勢。此外，共同農業政策與結構基金的重新分配，不僅直接衝擊歐盟原先受援國在相關產業的建設的支助，更會造成該等國家的經濟成長率下滑，進而產生另一波整體經濟不穩定的情勢，更形衝擊歐盟整體的經濟發展。

二、就中、東歐申請國而言

對於申請加入歐盟的中、東歐國家而言，在政治與經濟層面進而轉型之際，將遭遇許多的困難：從政治民主化的進程分析，其中對於法律規則的制定與執行，中、東歐國家必須將歐盟法制規範一一納入其國內法的範疇之中，並能確實執行以其發揮法律規則的成效，這對於長期採行共產制度的國家而言，因缺乏法制基礎，將造成觀念與實際落實規範上的落差。此外，中、東歐國家對平行層級的談判方式，缺乏經驗，以及缺少決策與權力分散的行政能力，導致其與歐盟進行談判時，無法掌握分工合作的要領，延遲加盟的工作進展。

若就經濟層面而論，雖說加入歐盟會增加農業的補助，但也無法獲得如同歐盟原先的補助比例，因為此一補助方式是在不增加既

有預算的前提下進行，這將使得中、東歐的農民將無法長期在低價的市場中生存。再者，加入歐盟之後亦將採行相同的稅率，部分商品價格的上漲是必然的趨勢，在此種預期心理下，勢必造成物價上漲，使得民生痛苦指數攀升，這不僅直接影響新會員國內部民眾對於其政府的支持率，亦會直接衝擊東擴後整合的契機。

此外，中、東歐國家希冀藉由加入歐盟的運作，透過生產要素的流通，能降低失業率的問題，不過，因為薪資差距過大，將促使中、東歐的勞動人口向西歐國家流動，進而衝擊當地國的就業市場，使得當地國本身的失業問題加劇，所以，歐盟在東擴政策推動之際，勢必會將生產要素的流動設下時限，待經過過渡期的調適之後，才會開放，例如荷蘭、法國、義大利、西班牙等國都對於新會國移民的人數，要採行限制的措施即為一例。就短期而言，中、東歐國家在物價上漲與失業率無法改善的雙重壓力下，將歷經加盟後的陣痛期。

由以上的分析可知，歐盟以及中、東歐國家的共同利益認知來自於擴大後的歐盟在國際社會可提升其地位與影響力以及獲得安全的保障，在市場擴增之後，亦可提高貿易交易額，以及國外直接投資，強化經濟整合的效益。

第三節　霸權（強權）國的影響

若從歐盟的決策機制分析，「共同合作程序」（Co-operation Procedure）是歐洲聯盟本身決策機制的運作程序，[13]也是會員國間

---

[13] 根據馬斯垂克條約第 189c 的規定。

累積合作經驗的方式。亦即，當歐盟接收到政策制定的情境因素，先由「歐洲高峰會」（The European Council）的召開，凝聚會員國間的共識，確立宏觀的觀點，再將共識的決議交由執委會。由「執委會」（The Commission）對於接收到「歐洲高峰會」的共識觀點後，依據會員間的共識與觀點，制定出政策或立法程序提交至理事會。「部長理事會」（The Council of Ministers）接到「執委會」所提之提案後，再向「歐洲議會」（The European Parliament）或相關之機構諮詢，「部長理事會」於諮詢相關機構之觀點後，以一致決（unanimity）、簡單多數決、或加權多數決的方式，對「執委會」所提之議案，作成「共同立場」（common position），附於議案後，再將議案送交至「歐洲議會」審議。

準此，歐盟內的強權國（大國）在決策的方向與共識上，不僅直接影響政策的產出，更基於不同的表決方式，而產生主導議事與影響決策的情事（尤其是在部長理事會中有關加權投票表決的事項）。以下透過歐盟內的強權國對於東擴政策的態度進行分析，以期更為明瞭強權國對於此一政策的影響程度。

壹、英國對於東擴政策的態度

英國傳統的對外政策即以「三圈政策」（Three Cycles Policy）為主體，包括全球主義——英國與大英國協間的關係，大西洋主義——英國與美國的特殊關係，以及歐洲主義——英國與歐洲之間的關係。基於歐洲主義的原則與歐洲國家維持著同步不同調的態勢，

由歷史脈絡觀之，英國在國際社會的地位舉足輕重，對於歐陸，亦有著成為歐洲領導者的期望。只不過，二次世界大戰對於英國的衝擊相當大，也使得英國喪失掌握主導歐洲發展的先機（因為從歐洲共同體的建立開始，即為德、法兩國所量身訂做），而在形勢上也只成為反應式的政策，成為被動的政策配合者甚至批評者。不過，英國亦試圖在歐盟的機制之中，能調整其所扮演的角色，爭取領導歐洲的地位。

對於東擴議題，英國的態度一方面基於財政負擔的考量，避免因成員國的增加而使得會員國的負擔加重，影響整合的進展，畢竟各項援助中、東歐國家計畫的支出，不僅造成預算增加，更對於原有的共同農業政策與結構基金的分配，衍生出新的問題。另一方面，會員國的增加也將使得歐盟決策機制越加龐大與複雜，在未來歐盟的決策過程中，勢必形成嚴重的衝擊，此一態度的展現一如英國歷來對於歐盟整合深化的作法，對於涉及主權範疇的層次，皆採取保留的態度，例如，英國目前仍不願意加入經濟暨貨幣聯盟政策聯盟（EMU）的運作，以避免移轉貨幣及匯率主權給歐洲中央銀行，以及對於歐盟所推動的「社會憲章」也延遲批准，以防止其市場經濟的型態被歐陸社會主義導向的福利經濟所融合。[14]

此外，英國早在 1980 年代柴契爾主政時期，就針對預算與共同農業政策問題提出看法。英國認為歐體的預算政策有失公允，若就 GDP 而言，英國在會員國中名列倒數第三，卻是第二大預算提供國，而歐體大部分的預算（70%）皆用於共同農業政策的補貼，

---

[14] 洪德欽，〈喪失歐盟主導權──英國如何看歐洲整合〉，《當代》。台北，第 169 期（2001.9.1），頁 59。

這對於以貿易為為主的英國而言，並無助益，於是要求歐體需調整預算的分配比例。[15]準此，英國對於共同農業政策的態度一直是主張改革的基調，尤其是調整補貼政策的層面。

　　總之，英國在歐盟整合的歷程中，著重於財政分配與主權的議題，對於東擴政策亦是秉持一貫的作法，只要不增加會員國的財政負擔，以及不因成員國的增加而造成決策機制的效率不彰，英國對於東擴政策是支持的。此外，英國與德國不同之處在於，並無地緣因素的考量，其所展現的態度亦可從整體發展的層面來作分析。

貳、法國對於東擴政策的態度

　　法國曾是一個稱雄歐洲、影響世界的強國。其傳統的對外政策，乃是秉持恢復「法蘭西光榮」為使命，希望能走出戰後的陰影，重建法國在歐陸及世界強權的地位。對於歐盟事宜，法國採取的態度為在維持主權國家獨立運作的空間下，由法國領導歐洲整合的走向、法德合作為基礎，並與英國保持距離，以及排除美國介入歐洲事務的聯盟。

　　對於東擴政策的推展，法國擔憂因擴大成員國而導致整合的停滯，前執委會主席 Delors 認為東擴政策不僅需要持續透過財政與經濟政策的協調以深化經濟暨貨幣政策聯盟的整合外，還得在軍事防衛與共同外交領域取得共識，而 Jacques Chirac 總統更提議分成

---

[15] 張亞中，〈歐洲聯盟的演進〉，收錄於黃偉峰主編，《歐洲聯盟的組織與運作》。台北：五南圖書出版社，2003，頁40。

兩種速度來進行整合，一是對歐洲整合有意願快速進行的堅硬核心國家，另一種則是速度可以放慢的進行的國家。[16]

此外，Chirac 總統在歐洲政策的原則是不僅要向其傳統利益的地區（地中海地區）擴大，更要向中、東歐國家推動擴大的戰略。Chirac 轉變法國原本擔心中、東歐國家加入歐盟之後，會更進一步強化德國的地位與影響力因而表現出消極的作風，支持歐盟的東擴政策，不僅如此，法國還必須發揮帶頭作用，希冀藉此能「重返中、東歐」。

再者，法國為世界第二大的農產品出口國，亦擁有近百萬的農民，對於共同農業政策則更為重視，對於因應東擴後的調節政策，在不採行農業補貼與產量脫鉤的前提下，則持贊成態度。

由此可見，法國是以深化歐盟在經濟領域的整合態勢為東擴的前提，不讓德國進一步強化其在中、東歐國的影響力為其策略，增進自身在中、東歐國家的影響力為戰略，故其考量點仍以不影響法國傳統利益為基調。

參、德國對於東擴政策的態度

二次戰後的德國，在國際社會所扮演的是被動的角色，因為德國無法追求軍事與領土的自主性，只能藉由創造有利於本國的國際市場，形成區域及全球的經貿互賴。在德國統一之後，基於

---

[16] 張維邦，〈從（舒曼宣言）到（德洛爾報告）——法國與歐洲整合〉，《當代》。台北，第 169 期（2001.9.1），頁 28。

本身的經濟實力、民族主義情結,使德國邁向世界強權的心態,漸趨成形。

由於德國是中、東歐國家在西歐社會中最為重要的政經伙伴,又基於地理位置的因素,因德國地處中歐為東、西歐之橋樑,對於東擴政策的支持是可以理解的。再者,執委會於 1997 年通過的「議程 2000」報告書,藉由對農業政策之改革拉近中、東歐國家與歐盟會員國之經濟差距,以及尼斯條約(Nice Treaty)中對於決策機制的調整,都符合德國在東擴政策下的意願與利益,更能契合德國支持東擴政策的態度。[17]

此外,德國在統一之後,更力圖在歐洲事務居領導地位,更將中、東歐地區視為對外關係中的重要指標。早在 1960 年代末期,德國(西德)在 Brandt 總理主政時,就確立了「東進政策」(*Ostpolitik*)的戰略目標,統一之後,挾地利之便與優越的經濟實力,力圖將中、東歐國家帶入歐盟之中,試圖建立以德國主導、歐盟為基礎的「歐洲合眾國」。德國推行其東進政策的策略主要是透過與中、東歐國家簽署雙邊合作關係的條約,藉以擴大雙方的合作範圍,強化睦鄰關係的改善,再者,藉由貿易投資與進出口貿易的往來,使其建立起經貿互賴的態勢。

總之,在不損及歐盟整體經濟整合與國家利益及主權的前提,抑或經由歐盟整體共同支付東擴政策所增加的成本考量下,身處於歐盟內英、法、德三大強權國,對於東擴政策的態度,雖然各有各的考量,卻也都是抱持著正面的看法與期待。

---

[17] 沈玄池,〈德國的歐洲政策與歐洲整合的進路──歐洲是每一個德國人的未來〉,《當代》。台北,第 169 期(2001.9.1),頁 41。

第四節　國家的學習

　　歐盟在 1993 年 6 月所召開的哥本哈根高峰會中，即提出「哥本哈根標準」（Copenhagen Criteria），對於有意加入歐盟的國家，必須符合下列的條件，方能有機會成為歐盟的一員：[18]

　　1、穩定的民主政治和與此相稱的民主制度；
　　2、一個功能性的市場經濟體系，能承受單一市場完全的競爭；
　　3、具備與現存歐盟會員國一樣承受市場壓力的能力；
　　4、認同歐洲政治聯盟與歐洲經濟暨貨幣聯盟的目標。

　　據此，「哥本哈根標準」就成為中、東歐國家申請加入歐盟的國家學習內容，透過國家所進行的政治與經濟體制的改革，使其達成標準，進而符合成為成員國的資格。根據「自由之家」（Freedom House）的評比可知，申請加入歐盟的國家，皆在政治民主化與經濟自由化的改革展現其國家學習的成效。（如表 6-4 所示）

　　其中，穩定的民主政治和與此相稱的民主制度是以政治民主化的指數來分析，主要是由政治（選舉）過程（political/electoral process）、市民社會（civil society）、獨立的媒體（independent media）、治理與公共行政（governance and public administration）、法律規則（rule of law）以及腐敗（corruption）等指標所建構而成（將上述指標予以平均得之），而一個功能性的市場經濟體系則是透過經濟自由化指數，包括私有化（privatization）、總體經濟政策

---

[18] Victoria Curzon Price, *The Enlargement of the European Union—Issue and Strategies* (London , England : Routledge Press , 1999) . pp.10-20.

表 6-4：中、東歐國家在政治民主化與經濟自由化的評比

指標	政治民主化					經濟自由化				
年度＼國家	1997	1998	1999-2000	2001	2002	1997	1998	1999-2000	2001	2002
波蘭	1.50	1.45	1.44	1.44	1.50	2.00	1.92	1.67	1.67	1.92
捷克	1.50	1.50	1.75	1.81	2.13	1.88	2.00	1.92	2.00	2.08
匈牙利	1.50	1.50	1.75	1.94	1.94	1.63	1.67	1.75	1.92	2.00
斯洛伐克	3.80	3.65	2.50	2.25	1.94	3.38	3.58	3.25	3.25	2.33
立陶宛	2.15	2.15	2.06	1.94	1.94	2.50	2.50	2.50	2.50	2.33
拉脫維亞	2.15	1.95	2.00	1.94	1.88	2.50	2.58	2.83	2.75	2.42
愛沙尼亞	2.10	2.05	2.06	2.00	1.94	2.13	2.00	1.92	1.92	1.92
斯洛文尼亞	2.00	1.95	1.94	1.94	1.81	2.38	2.17	2.08	2.08	2.17
塞普路斯	na	1.00	1.00	1.00	1.00	na	1.50	1.50	1.50	1.50
馬爾他	na	1.00	1.00	1.00	1.00	na	1.50	1.50	1.50	1.50
羅馬尼亞	3.95	3.85	3.19	3.31	3.31	4.63	4.50	4.17	4.00	3.92
保加利亞	3.90	3.55	3.31	3.06	3.00	5.38	4.08	3.75	3.50	3.25

資料來源：作者根據 Freedom House 網站所提供之資料自行整理。請參閱
http://www.freedomhouse.org/research/nattransit.htm

（macroeconomic policy）以及個體經濟政策（microeconomic policy）
所組成（將前述三項指標予以平均得之）。指數越低則表示民主化
程度越深以及經濟自由化成度越高，而指數在 2 以下皆屬於政治民
主化以及經濟自由化的範圍內。從政治民主化指標分析，10 個中、
東歐國家皆已達到門檻（波蘭、捷克、匈牙利的指數升高原因在於
1997-1998 年的分析指標並未將法律規則與腐敗納入所致），而在經
濟自由化的指標上，斯洛伐克、立陶宛、拉脫維亞與斯洛文尼亞尚
未達到標準，但已逐漸改善。

　　在承受市場壓力的能力上，得視申請國在進行經濟轉型時的成
效而定，如果該國的市場機制是彈性的且調整快速，其所遭遇的競
爭壓力便不成問題，反之則否。而認同歐洲政治聯盟與歐洲經濟暨
貨幣聯盟的目標則是最無歧視性的規範，亦即，申請國有能力採行
與執行共同體法律、規則與政策作為衡量的標準，透過採行與會員
國一致性的標準，藉以認同歐盟整體的目標。

　　此外，對於申請加入歐盟的談判內容是以歐盟共同法律與慣
例為依據，包括：貨物的自由流通、人員的自由流動、服務業的
自由開放、資本的自由流動、共同法律、競爭政策、農業政策、
漁業政策、運輸政策、稅收政策、經濟暨貨幣聯盟、社會政策、
就業政策、能源政策、工業政策、中小企業、科技研發、教育培
訓、電訊與資訊技術、文化和傳播媒體政策、區域政策、環境政
策、消費與健保、司法與內政合作、關稅同盟、對外關係、財政
相關之機構與預算等。

　　其中，最重要的指標在於 2002 年 3 月正式啟動的歐元（euro），
其涉及到申請國能否達到經濟暨貨幣聯盟（EMU）的標準：[19]

> 1、會員國的通貨膨脹率不得超過前一年通貨膨脹率最低
> 　　三個會員國平均值的 1.5%；
>
> 2、會員國的政府預算赤字不得超過 GDP 之 3%；
>
> 3、會員國之政府負債不得超過 GDP 之 60%；

---

[19] Emmanuel Apel, *European Monetary Integration 1958-2002* (London，
England：Routledge，1998)．pp.102-113 ； Kemmeth Dyson, *The Process of
Economic and Monetary Union in European* (London，England：Longman，
1994)．pp.23-41.

4、會員國的長期利率率不得超過前一年通貨膨脹率最低三個會員國平均值的 2%；

5、會員國貨幣的匯率波動，應維持在歐洲匯率機制（ERM）中心匯率上下 15%以內。

換言之，歐盟為了加快東擴的步伐，透過一系列的政策措施，對中、東歐國家經濟重組實施了大規模的金融和技術援助，並協助他們迅速施行民主政治和改革，藉以讓申請國能盡快達到標準，與歐盟會員國的經濟發展齊步。對於申請成為歐盟會員的中、東歐國家而言，都必須達到上述的條件，方能獲得成為歐盟會員國的資格。亦即，申請國透過在歐盟的場域中進行國家學習，藉由改善自身的條件以期符合歐盟的門檻要求，成為歐盟的成員。

根據表 6-5 所示，申請加入歐盟的 10 個中、東歐國家，透過各自貨幣政策的調整來回應歐盟所設定的門檻，主要是維持各國幣值的穩定，作為經濟政策轉變的支柱。再者，透過匯率制度的調整，採行釘住一籃通貨、釘住美元或是歐元與馬克的匯率，藉以調整各自的匯率機制，進而達到歐盟整體的匯率標準，這是中、東歐國家展現國家學習的方式。

表 6-5：中、東歐申請國之貨幣政策目標與匯率制度

國家	貨幣政策目標 （學習內容）	匯率制度調整 （學習方式）
波蘭	維持物價穩定，並在不影響物價穩定支持政府的經濟政策。	1995 年 5 月起採取對一籃通貨爬行釘住匯率制度。
捷克	維持捷克貨幣的穩定。	1997 年 5 月起採管理式的浮動匯率制度，以歐元為非正式的參考通貨。

匈牙利	維持對內及對外幣值的穩定，支持政府的經濟政策。	1997 年 3 月起採行爬行釘住匯率制度，釘住歐元，並允許在上下各 2.25%的範圍內波動。
斯洛伐克	維持通貨穩定。	1998年10月起採管理式的浮動匯率制度，非正式的以歐元為參考通貨。
立陶宛	維持幣值穩定，確保信用與支付體系順利運作，並在不抵觸幣值穩定下支持政府經濟政策。	1994 年 4 月起採取通貨委員會制度，釘住美元。
拉脫維亞	控制貨幣數量以維持物價穩定，促進自由競爭、資源配置效率及促進金融體系的穩定。	自 1994 年 2 月起釘住特別提款權（SDR）。
愛沙尼亞	為持幣值穩定，促進銀行體系之安全與穩定，促進支付體系之穩定與效，支應民眾現金需求。	1992 年起採通貨委員會制度，釘住歐元及馬克。
斯洛文尼亞	為持通貨穩定，並提供穩定的流動性。	自 1992 年採取管理式浮動匯率，非正式以歐元為參考通貨。
塞普勒斯	促進通貨、信用及國際收支的穩定。	1999 年起釘住歐元，並允許在上下各2.25%的範圍內波動。
馬爾他	持有外匯準備以維持通貨的國際價值，在對內及對外幣值的穩定之下，控制信用供給量，以促進經濟發展、就業及所得增加。	在 1971 年起釘住一籃通貨，並允許在上下 0.25%的範圍內波動。

資料來源：呂桂玲，「歐盟擴張版圖的最新進展」，國際金融參考資料（台北），第四十六輯（90.4），頁 356-357。

第五節　國際組織的作用

對於國際組織作用的分析，以歐盟的東擴政策為例，主要是由其決策機制的運作所呈現，亦即，歐洲高峰會的決議、執委會負責實際執行，以及相關機構所提供的政策評估作為東擴政策進程的參考，再加上歐盟提供申請國與歐盟會員國間互動的場域，更形強化國際組織的功能。以下便根據歐盟決策機制在其東擴政策中所展現的作用，做出分析。

歐體於 1990 年起透過「歐洲協定」（Europe Agreements）的簽署，開展與東歐國家間的關係，其目的在於鼓勵歐洲共同體與東歐國家間的經濟合作，強化貿易、投資、經濟、金融、政治與文化層面的合作，「歐洲協定」中亦規定「法爾計畫」的援助範圍，即以援助中、歐國家在進行轉型過程中所需的財政需求為其目標，藉由歐體所提供的場域（國際組織）來進行談判與推動。

而從 1993 年起，歐盟開始採取一系列的向東歐整合與吸納新會員國的步驟：1993 年 6 月，歐盟於哥本哈根高峰會議確立向東擴張政策的實質意涵，會中達成協議：「有鑑於中東歐國家渴望成為歐盟的會員國，待該等申請國家能達成歐盟所設定的經濟與政治條件，以及履行成員國的義務，加入歐盟就將實現。」[20]準此，在高峰會中訂定出中、東歐國家的申請加入成為歐盟會員國的標準，亦即，「哥本哈根標準」。申請加入歐盟的中、東歐國家，必須在其國內完成相關的指標標準，在達到標準之後，即具有歐盟所設定成

---

[20]　朱曉中，《中東歐與歐洲一體化》。北京：社會科學文獻出版社，2002，頁124。

為會員的條件。當然,中東歐的申請國家亦需改革自身在政治、經濟的體制,以符合歐盟整體的規劃。

1994 年 12 月,歐盟成員國於埃森高峰會中制訂「準備加入策略」(Pre-accession Strategy),作為中、東歐國家加入歐盟內部市場的政策指引。埃森策略主要包括三個部分,競爭政策、國家援助的控制以及達成內部市場的「共同體既有原則」(Acquis Communautaire)。[21]在競爭政策部分,埃森高峰會允諾歐盟將制定出與競爭政策相關的訓練計畫,用以協助訓練申請國國內政府官員,以期能執行歐盟既有的規則與立法。而在國家援助的控制上,執委會則是被委以重任,亦即,執委會將依照歐盟的現行標準協助申請國制定與更新國家援助的項目,透過年度報告的評估與調查,作為申請國改革過程的重要指南。最後,在「共同體既有原則」的層面,「準備加入策略」要求執委會制定出「白皮書」,作為申請國加入歐盟內部市場的標準,其中包括採行歐盟的公司法、會計法、銀行法與保險法等,以及持續針對上述法規的執行進行調查。

此外,在埃森高峰會中亦針對「法爾計畫」進行部分的修正,其中,透過「跨歐洲網絡」(Trans-Europe Networks, TENs)來改善中、東歐國家大規模基礎建設的援助來強化跨國界的合作,藉以加強申請國與歐盟間的經濟整合,其作法則是將「法爾計畫」中用於基礎設施建設的投資金額增加至佔總基金金額的 25%。再者,透過穩定公約(Stability Pact)的簽署,促使中、東歐申請國家之間進行談判,進行促成 1995 年 3 月斯洛伐克與匈牙利簽訂的

---

[21] Mayhew, op. cit., pp.166-168.

雙邊協定，以及 1996 年 9 月羅馬尼亞與匈牙利簽訂的「睦鄰友好條約」。[22]

1995 年 6 月所召開的坎城高峰會（Cannes Summit），對於東擴政策做出兩項重要的決定：第一，對於中、東歐地區與地中海國家的資源分享，提出中程預算分配的方案。第二，通過中、東歐國家準備加入歐盟共同市場的「白皮書」，給予申請國準備加入歐盟的指引，藉以達到歐盟內部市場的整合態勢，這亦涵蓋採取既有共同體法的規範以及通過加入談判（accession negotiation）的過程。

1995 年 12 月的馬德里高峰會議則是對於東擴議題達成幾項決議：第一，要求執委會整合中、東歐國家的評價報告，並準備做出擴大政策的綜合報告。第二，責成執委會詳細分析歐盟的財政體系，並儘速提交關於 1999 年 12 月 31 日起歐盟未來的財政結構報告。第三，歐盟高峰會依據中、東歐國家的評價報告，做出展開加入歐盟談判的時程決議，這亦包括與賽普路斯和馬爾他的加入談判同時進行。準此，馬德里高峰會議明確的做出東擴的談判時間表，更是重要的推進中、東歐國家加入歐盟的歷程。

1997 年 7 月執委會公布名為「議程 2000」的文件，其內容主要是針對申請加入歐盟的中、東歐國家提出詳細的評價報告、以及東擴政策議題、共同農業政策的改革、結構基金的調整與 2000～2006 年歐盟的財政結構等，做出戰略性的規劃，以其強化歐盟的整合腳步。不過，根據此份文件的評價報告結果，申請加盟的國家，

[22] *Ibid.*, pp.169.

都未達「哥本哈根標準」，至於邀請哪些國家進行加入談判，則是
留待高峰會召開時再行決議。

　　歐盟在 1997 年 12 月的盧森堡高峰會議（Luxembourg Summit）
決議，正式展開與 10 個中、東歐國家進行加入歐盟的談判進程，
並於 1998 年 3 月 30 日所召開的歐盟 15 國外交部長會議中啟動加
入談判的歷程。而至 2004 年 5 月 1 日，中、東歐國家共計 10 國，
正式加入歐盟，成為歐盟的會員國，預計 2007 年 1 月 1 日還將增
加羅馬尼亞與保加利亞兩國，總計將達到 27 個會員國。

　　由上述的歷程可知，歐盟的東擴政策透過歐盟本身的決策機制
所推動，包括歐洲高峰會議的決議、執委會的執行等，都展現出國
際組織在此一政策推動過程中的作用，亦由國際組織所建立的規
範、標準與計畫，強化申請國的國家學習目標以國際組織提供補助
國與受援國之間的互動場域，不僅能尋找出國際社會化進行的脈
絡，更能體現其主體性意涵的內容，亦即，國際合作的能動性。

第六節　法制化歷程

　　法制化的分析主要是透過中、東歐國家對於歐盟的共同體法等
相關法律的內化過程來闡釋，包括「歐洲協定」與「聯繫協定」相
關規定的內化，這其中更涉及該等國家內部法律體系的轉型歷程，
以及如何與歐盟法制規範接軌的過程。以下便根據 10 個東擴政策
下所加盟的新會員國來進行分析。

壹、波蘭（Poland）

波蘭依照 1995 年與 1996 年歐盟提供的援助計畫，將其經濟與法律體系調整至「歐洲協定」所需求的執行起跑線上。從 1995 年 1 月 1 日起，所有波蘭的工業輸出品（除了紡織品外）皆已免稅的進入單一市場，而煤鋼產品亦於 1996 年 1 月 1 日起廢除關稅的限制，紡織品的稅率亦於 1997 年 1 月 1 日正式廢除，[23]藉以符合單一市場內無關稅的機制。

此外，1997 年 2 月波蘭頒訂新憲法，根據憲法第 20 條的規定，「波蘭共和國的市場經濟，是基於自由的經濟活動、私有化的所有權以及合夥人間的合作與對話所鞏固」，[24]其所展現的經濟體系則與歐盟共同體的型態一致。亦即，波蘭透過憲法條文的規定，將歐盟共同體所建立的經濟體系規範，以及「哥本哈根標準」所設定之經濟自由化的標準，納入國家內部的法律體系中，形成國際規範內化的進程。

貳、捷克（Czech Republic）

捷克自 1996 年起，所有的產品（除了農產品之外）皆符合單一市場的規範，獲准進入歐盟的市場，並積極的改善各項加入歐盟

---

[23] Werner Weidenfeld, *Central and Eastern Europe on the Way into the Europe Union* (Gutersloh : Bertelsmann Foundation Publisher , 1997) . pp.173-174.

[24] Janus Justynski, " The Impact of the European Integration Process on the Creation of the Broad Lines of the Constitution of the Republic of Poland and on the Political Practices of the Country," in Alfred E. Kellermann ed., *EU Enlargement : The Constitutional Impact at EU and National Level* (Hague , Netherland : T.M.C. Asser Press , 2001) . p.286.

的條件，以期達到歐盟所設定的標準。捷克的法律體系對國際條約的執行可分為四種方式：[25]

第一為轉化（transformation），透過公布或同意條約的內容，經由正式的立法程序，並由議會制定出法案來轉化成為國內法律規範。

第二為調適（adaptation），主要藉由特殊的行政規章以做為國際條約的內化過程。

第三為合併（incorporation），則是將國際條約引入國家內部法律規則之中，亦即，使國際條約成為行政法律規章（法令）的源起。根據捷克憲法第 10 條的規定，國家簽署和正式公布的國際條約，其內容包括人權與基本自由，則對於捷克具有約束力，更高於國家的法令。

第四則為採納（adoption），是直接透過法院的決策將國際法的執行，納入法律的原理之中。不過，以捷克實際的執行歷程分析，主要是以轉化與合併兩種方式來內化國際條約與規範。

準此，捷克透過上述四種途徑，將國際條約與規範內化至國家內部的法律體系之中，使其成為國內法律的一環。

參、匈牙利（Hungary）

在 1995 年，匈牙利仍以貿易保政策來維持其農產生品的競爭力，以致於無法進入單一市場的運作體系，而至馬德里高峰會結束，東擴

---

[25] Vladimir Balas, " Legal and Quasi-Legal Thresholds of the Accession of the Czech Republic to EC," in Alfred E. Kellermann ed., *EU Enlargement : The Constitutional Impact at EU and National Level* (Hague , Netherland : T.M.C. Asser Press , 2001) . pp.267-268.

政策的基本制度確立，亦加速匈牙利的改革之路。此外，根據匈牙利憲法第 62 條第 2 節的規定，「歐洲協定」的內容透過匈牙利政府根據其標準建立起執行的規則，將其公布為政府政令（Government Decree），並致力於將共同體的規則使其適用於匈牙利國內。[26]

肆、斯洛伐克（Slovakia）

1993 年初，斯洛伐克獨立。不過因總統 Michal Kovac 與總理 Vladimir Meciar 不合，導致國內政治情勢的不穩定，缺乏實質的民主內涵，亦使得歐盟對其加入望之卻步。直到 1996 年 3 月 15 日斯洛伐克與歐盟簽署聯繫協定的附加議定書（the Additional Protocol to the Association Agreement），強調歐盟不會孤立斯洛伐克於整合的道路之外，並盡力幫其克服所面臨的困難。[27]

根據斯洛伐克憲法第 7 條的規定，將歐盟的法律措施透過合併的方法使其轉換為斯洛伐克的法律，第 7 條第 2 節則規定，對於「歐洲協定」、歐盟或國際條約的規範，斯洛伐克會致力制定出執行的規則。而憲法第 120 條第 2 節亦規定，任何歐體具有法律約束力的法案需執行之際，皆轉換為政府行動的法令。[28]

---

[26] Attila Harmathy, " Constitutional Questions of the Preparation of Hungary to Accession to the Europe Union," in Alfred E. Kellermann ed., *EU Enlargement : The Constitutional Impact at EU and National Level* (Hague , Netherland : T.M.C. Asser Press , 2001) . pp.324-325.

[27] Weidenfeld, op. cit., pp.223-224.

[28] Vlasta Kunova, " Constitutional Aspects of the Accession of the Slovak

伍、立陶宛（Lithuania）

立陶宛於 1995 年 6 月 12 日簽訂「聯繫協定」（Association Agreement），該協定設下體制轉型需於 1999 年 12 月 31 日前完成，其內容包括立法程序的協調以及強化進入單一市場後的經濟競爭力。此外，立陶宛的憲法中，並無明文規定如何將歐盟的法律轉化或合併於其國家法律體系之中，不過，根據其憲法第 68 條的規定，「所有的國際協定需透過立法程序來完成，亦即，必需經由國會（Saeima）的簽署才能決定」。[29]準此，歐盟的相關法律與規範的執行，需經由立陶宛的國會同意之後，再行轉換為國內法律規範。

陸、拉脫維亞（Latvia）

根據拉脫維亞憲法第 138 條的規定，「國際協定的簽署需透過拉脫維亞國會（Seimas）將其合併於國家的法律體系之中」，而拉脫維亞於 1995 年 6 月 12 日所簽署的「歐洲協定」亦是據此條文轉換為其國家法律。[30]

Republic to the Europe Union," in Alfred E. Kellermann ed., *EU Enlargement : The Constitutional Impact at EU and National Level* (Hague , Netherland : T.M.C. Asser Press , 2001) . pp.328-335.

[29] Anita Usacka, " The Impact of the European Integration Process on the Constitution of Latvia," in Alfred E. Kellermann ed., *EU Enlargement : The Constitutional Impact at EU and National Level* (Hague , Netherland : T.M.C. Asser Press , 2001) . pp.337-344.

[30] Vilenas Vadapalas, " Lithuania : The Constitutional Impact of the Enlargement

柒、愛沙尼亞（Estonia）

根據愛沙尼亞憲法的第六章第 123 條第 1 節有關「對外關係與條約」的內容分析，「愛沙尼亞基於互惠與平等的原則下，授權於歐盟，為了完全的行使歐盟會員的權力，基於不破壞愛沙尼亞基國情的基本原則與功能下，給於其執行歐盟條約的範疇」。[31]準此，此一條文具有保護性的意涵來處理歐盟的法律規範，藉以維持其國家的獨立性。不過，根據 1994 年 9 月 30 日愛沙尼亞最高法院的聲明指出：「建立愛沙尼亞法律的一般性原則，除了必須考量本國憲法外，也要參酌歐盟法律的基本原則，以及源自於歐盟成員國間更高的法律文化內的一般性原則」。[32]

捌、斯洛文尼亞（Slovenia）

根據斯洛文尼亞的憲法規定，憲法為最高法律，而國際協定的簽署必須由國會為之，而「歐洲協定」則於 1997 年 7 月由其國會簽署通過，並於 1999 年 2 月完成憲法修正案藉以取得法律基礎。

at National Level," in Alfred E. Kellermann ed., *EU Enlargement : The Constitutional Impact at EU and National Level* (Hague , Netherland : T.M.C. Asser Press , 2001) . pp.348-350.

[31] Tanel Kerikmae, " Estonian Constitutional Problems in Accession to the EU," in Alfred E. Kellermann ed., *EU Enlargement : The Constitutional Impact at EU and National Level* (Hague , Netherland : T.M.C. Asser Press , 2001) . pp.293-298.

[32] *Ibid.*, p.300.

此外，憲法 160 條亦規定，憲法法庭需致力於將國際協定的簽署使其轉化為符合憲法範疇下的法律。[33]

玖、塞普路斯（Cyprus）

塞普路斯憲法第 50 條第 3 節與第 57 條規定：1.所有與消費事務、經濟合作與暫訂協議有關的國際條約與協定都必須由內閣決定。2.所有國際條約、公約與協定的談判與簽訂，都必須由內閣決定，在經由眾議院同意將其內容制定成法律。[34]準此，塞普路斯法律規定的規範層級為：1.憲法，2.國際條約，3.普通法，亦即，歐洲共同體法亦透過歐盟與塞普路斯的談判與簽署過程，轉化為其國內法律規範的體系。

拾、馬爾他（Malta）

如同其他國家的法律體系一般，憲法是最高的法律規範，國際法亦無法自動成為馬爾他法律的一部份，此外，根據 1990 年的議

---

[33] Primoz Vehar, " Constitutional Problem in the Period of Pre-Accession in the Republic of Slovenia," in Alfred E. Kellermann ed., *EU Enlargement : The Constitutional Impact at EU and National Level* (Hague , Netherland : T.M.C. Asser Press , 2001) . pp.370-373.

[34] Nicholas Emiliou, " The Constitutional Impact of Enlargement at EU and National Level : The Case of the Republic of Cyprus," in Alfred E. Kellermann ed., *EU Enlargement : The Constitutional Impact at EU and National Level* (Hague , Netherland : T.M.C. Asser Press , 2001) . pp.244-246.

會法案（Act of Parliament）宣示共同體法律高於馬爾他國內法的規範，不過仍須對於憲法第 6 款進行修正後適用。[35]再者，國際條約與協定需透過合併的立法程序才能將其內化至馬爾他的法律體系中。

　　綜觀上述各國的分析可知，中、東歐申請加入歐盟的國家，在法制化的歷程層面，主要是以憲法層次的規定來內化歐盟法律與國際條約與協定，此一方式可強化歐盟法律的適用性。

拾壹、中、東歐申請國人民的態度

　　根據「歐洲民意調查」（Eurobarometer）從 2001 年至 2004 年的調查結果顯示，中、東歐申請國的人民對於所屬國家在未來能否成為歐盟會員國的意向上，是採取支持的態度，不過，立陶宛與愛沙尼亞的支持率則是呈現偏低的態勢，平均約在 3 成 5 左右（如表 6-6 所示）。此外，另一個值得注意的趨勢則是預計在 2007 年加入歐盟的羅馬尼亞與保加利亞兩國，民眾對於成為歐盟會員國的期待，反映在調查的結果上，支持率高達 7 成以上，這也顯示出這兩國認知到成為歐盟會員國之後所帶來的獲益而展現出的期待。不過，從 2004 年與前兩年的民調結果比較，申請加入歐盟的 10 個中、

---

[35] Peter G. Xuereb, " Constitutional Questions Raised by the Proposed Accession of Malta to the European Union in the General Context," in Alfred E. Kellermann, ed., *EU Enlargement : The Constitutional Impact at EU and National Level* (Hague , Netherland : T.M.C. Asser Press , 2001) . pp.230-236.

表 6-6：十二個新加入歐盟的中、東歐國家民眾對於成為歐盟會員國之看法

	2001 年（%）			2002 年（%）			2003 年（%）			2004 年（%）		
	A	D	N	A	D	N	A	D	N	A	D	N
波蘭	51	11	27	52	11	30	52	13	28	42	18	33
捷克	46	9	31	43	14	28	44	15	34	41	17	28
匈牙利	60	7	23	67	5	20	56	10	24	45	15	32
斯洛伐克	58	5	28	58	5	30	58	8	31	46	9	39
立陶宛	<u>33</u>	17	39	<u>35</u>	21	33	<u>46</u>	16	31	<u>33</u>	22	38
拉脫維亞	41	11	35	48	12	32	55	9	29	52	12	30
愛沙尼亞	<u>33</u>	14	38	<u>32</u>	16	42	<u>38</u>	16	37	<u>31</u>	21	39
斯洛文尼亞	41	11	42	43	14	37	50	8	37	40	13	44
塞普路斯	51	13	31	47	12	34	59	11	26	42	16	38
馬爾他	39	31	25	45	25	22	55	17	22	50	16	26
羅馬尼亞	<u>80</u>	2	11	<u>78</u>	2	8	<u>81</u>	2	10	<u>70</u>	3	17
保加利亞	<u>74</u>	3	14	<u>68</u>	5	19	<u>73</u>	3	17	<u>65</u>	6	22

資料來源：作者根據 http://europa.eu.int/comm/public_opinion/cceb_en.htm/ 網頁的資料自行整理

※A： 表示支持成為歐盟會員國，D：表示不支持成為歐盟會員國，N：表示既不支持也不反對

東歐國家，支持率皆呈現下滑的趨勢，這也顯示出此等國家在進行改革的同時，對於民眾所形成的衝擊，而且反對的比率也呈現上升的趨勢，立陶宛、愛沙尼亞與斯洛文尼亞民眾反對的比率還高於支持加入歐盟的比率，這是歐盟必須正視的趨勢。

再者，根據 Liesbet Hooghe、Gary Marks 與 Carole J. Wilson 的研究可知，歐洲的左派與右派政黨所採行的路線，對於歐洲整合的觀點與主張，衝擊著國家對於整合的看法。激進的左派與右派政黨

皆強烈反對歐洲整合的進展，而中間偏左與偏右的政黨則是傾向於支持歐洲整合。[36]

　　此外，根據上述學者的研究可知，民眾所展現的態度意向，主要是受到政黨所影響，而其間包括、知識社群、政府決策、預期心理以及當下所感受到的生活差異性亦是影響民眾態度的因素，而中、東歐申請國的民眾所展現出的態度，亦是直接反映出上述媒介的作用。

[36] Liesbet Hooghe, Gary Marks and Carole J. Wilson, " Does Left/Right Structure Party Positions on European Integration," *Comparative Political Studies* , Vol.35 , No.8 (2002) , pp.983-985.

第七章　結論

　　本書從國際社會化主體性的建構作為分析的起點，亦即重新定義「合作」的意涵，包括理念或信念的擴展、知識的傳遞、信任的建立、勸服的歷程、互惠性的連結、以及規範的建立，進而從新現實主義、新自由制度主義、建構主義與社會學制度主義的脈絡，尋出與國際社會化主體性的連結，從而建構理論的基礎。從新現實主義的論述之中得知國家基於利益極大化的考量，進行與其他行為者間的互動，透過社會化的過程以及霸權國的影響力，使得國家之間在功能性的領域內變得相似。

　　在新自由制度主義理論的論述中，國家基於國際建制（制度）的運作以及場域的提供，強化彼此間的資訊流通、減少誤判、降低交易成本、提升承諾的可信度、提高決策的透明度、創造出協調的議題以及解決爭端，藉以使得國家間累積互惠，增進「複合式互賴」的管道。而在建構主義層次，藉由國家間在觀念建構、權力與利益認同三者連結關係所展現的國際結構中，國家透過學習來強化對於集體行動與共同利益的認知，進而展現文化結構下的國際體系，更導引出國際社會化的因子。此外，社會學制度論者則是基於社會化為國家行為的載體，國家因之被鑲嵌於社會結構之中進行互動，而國際組織則是提供資訊與規範、監督行為以及創造決策場域以形塑國家利益的媒介，藉以促成國家間的社會化的進行。

再者，國際社會化是一種過程，是國家進行學習的過程，是國家學習如何將理念、信念、價值觀、知識以及社會化的主體內容傳遞給其他行為者，建立國際規範，進而將國際環境所構築的信念與規範予以內化為國家內部規範的過程，亦是學習共同利益認知的建構過程，更是基於實踐社會化內容而達到涉入國際體系的目的。此外，傳遞社會化主體性內容的媒介，在行政層次包括國際體系的型態、霸權（強權）國的影響、同儕國家間的壓力、以及國家間的高峰會議舉行，直接促成參與國家對於國際社會化主體性的內容進行互動，進而譜出建立國際共識與規範的樂章。

再就立法層次分析，涉及將國際社會化的主體性內容轉換為國家內部具有約束性的規範，亦即，將國際合作所建立之國際規範合併或轉化為國家法律體系的一部份，其目的在於落實與執行國際社會化的主體性內容，進而將國家間的共識化為行為準則，強化國際社會化的作用。此外，在非政府層次，基於國家間互動網絡的高度複雜性，對於上述的觀念、理念與知識的傳遞，就成為非政府組織、政黨、知識社群與利益團體的功能之一，透過這些非政府層次媒介的作用，形成國際規範與國內機制的接軌。

對於國家社會化歷程的分析，則是聚焦於共同利益認知的歷程，亦即，當理念、價值觀與知識轉化為國際規範之際，國家行為者之間如何建立起共識與共同利益，進而促成國家學習的動機，就成為國際社會化歷程的重要關鍵。這與個人在政治社會化歷程中的學習動機不同，個人是透過所處情境所形塑的氣氛而進行被動的學習，國家行為者則是在國際社會或國際組織所提供的場域中，對於共識與認知建構的學習內容進行主動的學習，藉以獲利或是取得身份認同。

　　從媒介的層次來分析個人與國家的社會化，可發現一些現象。

　　第一，對於個人的政治社會化而言，家庭、學校、同儕團體、大眾傳播媒體等媒介所扮演的角色，被動性的功能較為明顯，亦即，當個人涉入媒介的情境中，與其發生互動後，才形塑出社會化的結果。對於國家而言，在其社會化的歷程中，媒介的角色就顯現出主動性。透過制度、規範、規則的建立，使得被社會化的行為者（國家），需達到門檻，才能獲得認同，進而取得身份與資格，達成社會化的結果。

　　第二，相較於個人的社會化過程，國家在進行社會化的歷程時，本身則較具主動參與性，透過國家政策的制訂，朝向達到「標準」的門檻邁進。

　　第三，國際社會化中媒介的另一項重要的功能在於其扮演著資源守門員的角色。國家為了得到獲取資源的資格，將會採取由社會化媒介機制所建構的標準與制度，透過這種對結構依賴的誘導，產生成為國際社會成員的學習過程，一方面是為了避免受懲戒，另一則是希冀獲得酬庸，其最終目的在於達到自利的最大化。

　　此外，不同於個人的政治社會化，國際社會化重要的分析指標之一乃是共同利益的建立，透過與國家利益相符的集體利益建構，強化國家進行社會化主體性的學習歷程。此外，個人政治社會化所展現的約束性是當行為者涉入媒介情境中，在與媒介互動的過程中進行學習的歷程，而國際社會化則是國家間基於國際規範的集體認知，以及集體認知下所形塑的「標準性」規範，建構出國家間進行學習的內容，使得國家行為者基於涉入國際社會取得身份資格而展開學習的歷程。

　　再者，從本書所建構出分析國際社會化的指標分析，國際社會化主體性的展現與延續，藉由霸權（強權）國的影響，提供其他國家建立規範或合作領域的方向，進而形成國家學習的契機與內容，並在學習進行的歷程中，建構共同利益的認知，不論是政治層次、經濟層次抑或社會文化層次，強化集體認知，此外，藉由學習內容合併或內化至國家的法制體系中，藉以落實學習的執行與實踐，更透過國際組織提供場域，讓國家行為者間進行學習內容的「檢驗」，以作為獲取加入國際組織成員身份的資格，抑或取得資源的分配。

　　最後，透過歐盟所制定的東擴政策，分析中、東歐國家藉由歐盟所設定的標準做為國際社會化主體性的學習內容，一方面來自於歐盟內部強權國的支持，凝聚政策的共識，另一方面則是來自於歐盟整體評估的利益認知以及中、東歐申請國的利益認知，更形強化集體利益的認知層次，使得學習內容更具實質的吸引力。再者，被社會化的國家，一方面獲得來自於歐盟援助計畫的支助，而直接獲益，另一方面則是藉以將上述的標準內化至國家的規範與法律體系之中，更形落實國際社會化主體性意涵，據此，更成為歐盟檢驗是否能獲得其成員國資格的指標。

　　總之，「合作」的能動性來自於共同利益的認知，基於認知的共識，強權國家間產生互動的推力，進而擴及其他國家，並據此建立起分配利益的規範，透過規範與取得資格的國家學習內容，展開國際社會化的歷程，更藉以傳遞其主體性。

表 7-1：申請加入歐盟的 10 個中、東歐國家
與本書建構的國際社會化分析變數的關聯

國家	霸權國（強權國）的影響	國家的學習	共同利益的認同	國際組織的作用	法制化
波蘭	☆	☆	☆	☆	☆
捷克	☆	☆	☆	☆	☆
匈牙利	☆	☆	☆	☆	☆
斯洛伐克	☆	☆	☆	☆	☆
立陶宛	☆	☆	☆	☆	☆
拉脫維亞	☆	☆	☆	☆	☆
愛沙尼亞	☆	☆	☆	☆	☆
斯洛文尼亞	☆	☆	☆	☆	☆
塞普勒斯		☆	☆	☆	☆
馬爾他		☆	☆	☆	☆

資料來源：作者自製

　　由表 7-1 可知本書所討論的國際社會化主要的分析變數與 10
個申請加入歐盟的中、東歐國家之間的關聯性，所有國家都受到五
個主要變數的影響（霸權國的影響、國家的學習、共同利益的認知、
國際組織的作用以法制化的歷程）而展開國家社會化的歷程，這也
說明本書所建構的分析變數確實形成能影響國家進行社會化過程
的指標，上述的中、東歐國家因共同利益的認知，形塑出國家學習
的動力，藉由霸權國的影響力與國際組織的作用，將國際合作的內
容予以展現，亦即，將國際規範內化的法制化歷程，這都顯示出本
書所建構五項分析國際社會化主要變數的影響。

　　此外，對於本書所定義的合作，包括信念與理念的擴展、知識
的傳遞、信任的建立、勸服歷程、互惠性的連結以及規範的建立，

亦與國際社會化的分析變數形成連結，國家基於對合作的認知，進
而產生合作的動力，展現社會化的內涵，更形成國家學習的驅力，
形塑國際社會化的歷程，當然，這其間又涉及行政層次、立法層次
與非政府層次的媒介作用，強化理念、信念與知識傳遞的重要性。
所以，上述的分析更顯示國家的政治社會化與個人的政治社會化所
呈現的相異處。

參考書目

壹、中文部分

一、中文書籍

王泰銓，《歐洲共同體法總論》。台北：三民書局出版社，1997。

王振軒，《非政府組織概論》。台中：必中出版，2003。

朱景鵬，《國際組織管理——全球化與區域化之觀點》。台北：聯經出版社，2004。

朱曉中，《中東歐與歐洲一體化》。北京：社會科學文獻出版社，2002。

邱宏達，《現代國際法》。台北：三民書局，2000。

沈玄池、洪德欽主編，《歐洲聯盟：理論與政策》。台北：中央研究院歐美研究所，1998。

陳治世，《國際法》。台北：台灣商務印書館，1992。

易君博，《政治理論與研究方法》。台北：三民，1993。

楊泰順，《利益團體政治》。台北：財團法人民主文教基金會，1994。

郭樹勇，《建構主義與國際政治》。北京：長征出版社，2001。

袁鶴齡，《全球化世界的治理》。台中：若水堂股份有限公司，2004。

張亞中，《歐洲統合：政府間主義與超國家主義的互動》。台北：揚智出版社，1998。

黃偉峰主編，《歐洲聯盟的組織與運作》。台北：五南圖書出版社，2003。

蘇長和，《全球公共問題與國際合作：一種制度的分析》。上海：上海人民
　　出版社，1995。

Andrew Heywood 著，楊日青、李培元、林文斌、劉兆隆譯，《政治學新論》。
　　台北：韋伯文化事業出版社，2002。

二、中文期刊

王北固，〈歐盟東擴的歷史脈絡與地緣戰略〉，《歷史月刊》。台北，第 197
　　期（2004.6），頁 111-119。

王啟明，〈國際社會化與全球治理〉，《問題與研究》。台北，第 43 卷第 6
　　期（2004.11-12），頁 1-28。

沈玄池，〈德國的歐洲政策與歐洲整合的進路──歐洲是每一個德國人的
　　未來〉，《當代》。台北，第 169 期（2001.9.1），頁 32-47。

李貴英，〈阿姆斯特丹條約關於歐洲聯盟機構改革事宜之評估〉，《問題與
　　研究》。台北，第 38 卷第 1 期（1999.1），頁 49-62。

李深淵譯，〈歐洲共同體的回顧與展望〉，《今日合庫》。台北，第 14 卷第
　　5 期（1988.5），頁 80-92。

洪德欽，〈喪失歐盟主導權──英國如何看歐洲整合〉，《當代》。台北，第
　　169 期（2001.9.1），頁 48-67。

宋興洲，〈國際合作理論與亞太區域經濟〉，《問題與研究》。台北，第 36
　　卷第 3 期（1997），頁 27-59。

田高，〈歐洲共同體組織機構簡介〉，《中國論壇》。台北，第 32 卷第 4 期
　　（1992.1），頁 61-65。

邱垂泰、邱志淳，〈羅馬條約及區域經濟整合理論──歐洲共同體經濟整
　　合理論初析〉，《世界新聞傳播學院學報》。台北，第一期（1991.10），
　　頁 199-216。

張維邦，〈從（舒曼宣言）到（德洛爾報告）──法國與歐洲整合〉，《當
　　代》。台北，第 169 期（2001.9.1），頁 10-31。

袁易,〈對於 Alexander Wendt 有關國家身份與利益分析之批判:以國際防擴散建制為例〉,《美歐季刊》。台北,第 15 卷第 2 期(2001 夏),頁 265-291。

秦亞青,〈國際政治的社會建構──溫特及其建構主義國際政治理論〉,《美歐季刊》。台北,第 15 卷第 2 期(2001 夏),頁 231-264。

楊永明,〈國際限武裁軍機制與規範:國際關係理論與國際法規範之檢驗〉,《問題與研究》。台北,第 43 卷第 3 期(2004.5-6),頁 77-96。

藍玉春,〈歐盟與尼斯條約〉,《問題與研究》。台北,第 43 卷第 4 期(2004.7-8),頁 73-94。

三、研討會論文集

王啓明,〈國際社會化的媒介分析:以歐洲東擴為例〉,《2002 年台灣政治學會年會暨「全球化與台灣政治」學術研討會》,台灣政治學會主辦,嘉義,民國 91 年 12 月 14～15 日。

四、碩士論文

陳彰輝,《美國利益團體政治勢力的研究》,碩士論文,淡江大學美國研究所,民 73 年。

貳、西文部分

(Ⅰ)Books

Adler, Emanuel, and Michael Barnett, *Security Communities* (Cambridge , England : Cambridge University , 1998) .

Almond, G. A., and S. Verba, *The Civil Culture* (Princeton , NJ : Princeton University Press , 1963) .

Apel, Emmanuel, *European Monetary Integration 1958-2002* (London , England : Routledge , 1998) .

Axelrod, Robert, *The Evolution of Cooperation* (Philadelphia , PA : Basic Books , 1984) .

Baldwin, David A., ed., *Neorealism and Neoliberalism : the Contemporary Debate* (Manhattan , NY : Columbia University Press , 1993) .

Belassa, Bela, *The Theory of Economic Integration* (Homewood , IL: Richard D. Irwin , 1961) .

Bhargava, Rajeev, *Individualism in Social Science* (Oxford , England : Clarendon Press , 1992) .

Breslauer, George W., and Philip E. Tetlock , eds., *Learning in U.S. and Soviet Foreign Policy* (Boulder , Co : Westview Press , 1991) .

Bull, Hedley, *The Anarchical Society* (Manhattan , NY : Columbia University Press, 1977) .

Crocker, Chester A., and Fen Osler Hampson , eds., *Managing Global Chaos : Sources of and Responses to International Conflict* (Washington , D.C. : United States Institute of Peace Press, 1996) .

Coleman, James, *Foundation of Social Theory* (London , England : Belknap Press , 1990) .

Couloumbis, Theodore A., and James H. Wolfe, *Introduction To International Relations : Power and Justice* (Bergen , NJ : Prentice-Hall , 1990) .

Daltrop, Anne, *Political Realities—Political and The European Community* (London , England : Longman , 1986) .

Dennis, Jack, *Socialization to Politics: a Reader* (Manhattan , NY : John Wiley Press , 1973) .

Duverger, M., *The Study of Politics* (London , England : Nelson , 1972) .

Dyson, Kenneth, *The Process of Economic and Monetary Union in European* (London , England : Longman , 1994) .

Easton, David, and Jack Dennis, *Children in the Political System: Origins of Political Legitimacy* (New York , NY : McGraw-Hill, 1969) .

Eckatein, H., and D. E. Apter , eds., *Comparative Politics : A Reader* (New York , NY : The Free Press , 1963) .

Epstein, L. D., *Political Parties in Western Democracies* (New Brunswick , NJ : Transaction Books , 1980) .

Farkas, Andrew, *State Learning and International Change* (Ann Arbor , MI : The University of Michigan Press , 1998) .

Finnemore, Martha, *National Interest in International Society* (Ithaca , NY : Cornell University Press , 1996) .

Franck, Thomas, *The Power of Legitimacy Among Nations* (Oxford , England : Oxford University Press , 1990) .

Fukuyama, Franois, *Trust : The Social Virtues and the Creation of Prosperity* (New York , NY : The Free Press , 1995) .

Garcla, S., ed., *European Identity and the Search for Legitimacy* (London , England : Pinter , 1993) .

Goldstein, Judith, and Robert O. Keohane , eds., *Ideas and Foreign Policy – Beliefs, Institutions, and Political Change* (Ithaca , NY : Cornell University Press , 1993) .

Haas, Ernst B., *When Knowledge is Power : Three Models of Change in International Organizations* (Berkeley , CA: University of California Press , 1990) .

Habermas, Jurgen, *The Theory of Communicative Action* (Boston , MA : Beacon , 1984) .

Hasenclever, Andreas, Peter Mayer, and Volker Rittberger, *Theories of International Regimes* (Cambridge , England : Cambridge University Press , 1997) .

Heater, Derek, *The Idea of European Unity* (Leicester , England : Leicester University Press , 1992) .

Holsti, K. J., *International Politics : A Framework for Analysis* (New Jersey : Prentice-Hall , 1992) .

Hooghe, Liesbet, and Gary Marks, *Multi-Level Governance and European Union* (Boston , MA : Rowman and Littlefield , 2001) .

Jennings, M. Kent, and Richard G. Niemi, *The Political Character of Adolescence: The Influence of Families and Schools* (Princeton , NJ : Princeton University Press , 1974) .

Kaplan, Morton, *System and Process in International Politics* (New York , NY : John Wiley and Sons , 1967) .

Kellermann, Alfred E., ed., *EU Enlargement : The Constitutional Impact at EU and National Level* (Hague , Netherland : T.M.C. Asser Press , 2001) .

Keohane, Robert O., *After Hegemony : Cooperation and Discord in the World Political Economy* (Princeton , NJ : Princeton University Press , 1984) .

_____ , ed., *International Institutions and State Power : Essays in International Relations Theory* (Boulder , Co : Westview Press , 1989) .

Keohane, Robert O., and Joseph S. Nye , *Power and Interdependence* (London , England : Longman Press , 2001) .

Krasner, Stephen D., eds., *International Regime* (Ithaca , NY : Cornell University Press , 1983) .

Kindelberger, Charles P., *The World in Depression 1929-1939* (London , England : Allen Lane The Penguin Press , 1973) .

Langford, P., ed., *The Writings and Speeches of Edmund Burke* (Oxford , England : Clarendon Press , 1981) .

Madison, James, *The Federalist* (New York , NY : Modern Library , 1787) .

Maor, Moshe, *Political Parties and Party System : Comparative Approaches and the British Experiences* (London , England : Routledge , 1997) .

Mangone, G., *A Short History of International Organization* (New York , NY : McGraw-Hill , 1954) .

Mayhew, Alan, *Recreating Europe—The European Union's Policy towards Central and Eastern Europe* (Cambridge , England : Cambridge University Press , 1998) .

Nugent, Neil, *The Government and Politics of the European Union* (London , England : the Macmillan Press , 1995) .

Nye, Joseph S. and John D.Donahue , eds., *Governance in a Globalizing World* (Washton , D.C. : Brookings Institution Press , 2000) .

Oppenheim, L., *International Law* (London , England : Longmans , 1948) .

Oye, Kenneth A., eds., *Cooperation Under Anarchy* (Princeton , NJ : Princeton University Press , 1986) .

Prakash, Aseem, and Jeffrey A. Hart, eds., *Globalization and Governance* (London , England : Routledge , 1999) .

Price, Victoria Curzon, *The Enlargement of the European Union—Issue and Strategies* (New York , NY : Routledge Press , 1999) .

Putnam, Robert, *Making Democracy Work : Civic Tradition in Modern Italy* (Princeton , NJ : Princeton University Press , 1993) .

Risse-Kappen,Thomas, ed., *Bringing Transnational Relations Back In* (Cambridge , England : Cambridge University Press , 1995) .

Rosenau, James N., ed., *Linkage Politics* (New York , NY : The Free Press , 1969) .

_____ , *Governance Without Government --- Order and Chance in World Politics* (Manhattan , NY : Columbia University Press , 1995) .

Ruggie, John Gerard, eds., *Multilateralism Matters : the Theory and Praxis of an Institutions Form* (Manhattan , NY : Columbia University Press , 1993) .

_____ , *Constructing the World Polity : Essays on international institutionalization* (London , England : Routledge , 1998) .

Schoenberg, Richard, *Europe Beyond 2000---The Enlargement of the European Union towards the East* (London , England : Whurr Publishers , 1998) .

Sills, David L., *International Encyclopedia of the Social Science* (New York , NY : The Macmillan Company & The Free Press , 1968) .

Smith, Martin A., and Graham Timmins, *Building a Bigger Europe – EU and NATO Enlargement in Comparative Perspective* (Brulington , VT : Ashgate , 2000) .

Waltz, Kenneth N., *Theory of International Politics* (New York , NY : Random House Press , 1979) .

Weber, Max, *Economy and Society : An Outline of Interpretive Sociology* (Berkeley , CA : University of California , 1978) .

Wendt, Alexander, *Social Theory of International Politics* (Cambridge , England : Cambridge University Press , 1999) .

Weidenfeld, Werner, *Central and Eastern Europe on the Way into the Europe Union* (Gutersloh , Germany: Bertelsmann Foundation Publisher , 1997) .

Wilson, Kevin, and Jan van der Dussen , *The History of the Idea of Europe* (London , England : The Open University , 1995) .

William, Crotty, ed., *Political Science : Looking to the Future* (Chicago , IL : Northwestern University Press , 1991) .

(II)Articles

Abbott, Robert W., Robert O. Keohane , Andrew Moravcsik , Anne-Marie Slaushter, and Duncan Sinidal." The Concept of Legalization." *International Organization* , Vol.54 , No.3 (Summer , 2000) , pp.408-417.

Adler, Emanuel, and Peter Hass. " Conclusion : Epistemic Communities, World Order, and the Creation of a Reflective Research Program." *International Organization* , Vol.46 , No.1 (Winter , 1992) , pp.367-390.

Alderson, Kai. " Making Sense of State Socialization." *Review of International Studies* , Vol.27 (2001) , pp.415-433.

Axelrod, Robert. "An Evolution Approach to Norms." *American Political Science Review* , No.80 (1986) , pp.1095-1111.

Cortell, Andrew P., and James W. Davis. " How Do International Institutions Matters : The Domestic Impact of International Rules and Norms." *International Studies Quarterly* , Vol.40 (1996) , pp.454-456.

Coleman, James S. " Social Capital in the Creation of Human Capital." *American Sociological Review* , Vol.94 (1988) , pp.95-120.

Cook, Karen S., and Richard M. Emerson. " Power, Equity and Commitment in Exchange Networks." *American Sociological Review* , Vol.43 (1978) , pp.721-739.

Finnemore, Martha, and Kathryn Sikkink. "International Norm Dynamics and Political Change." *International Organization* , Vol.52 , No.4 (Autumn , 1998) , pp.887-917.

Martha Finnemore. " Norms, Culture, and World Politics: Insights from Sociology's Institutionalism." *International Organization* , Vol.50 , No.2 (Spring , 1996) , pp.326-328.

Haggard, Stephan, and Beth A. Simmons. " Theories of International Regimes." *International Organization* , Vol.41, No.3(Summer , 1987) , pp.493-495.

Hall, Peter, and R. C. Taylor. " Political Science and the Three Institutionalism." *Political Studies* , Vol.44 (December , 1996) , pp.936-957.

Hardin, Garrett. " The Tragedy of the Commons." *Science* , Vol.168 (1968) , pp.1243-1248.

Hardin, Russell. " The Street Level Epistemology of Trust." *Politics and Society* , Vol.21 , No.4 (1993) , pp.505-529.

Hasenclever, Andreas, Peter Mayer, and Volker Rittberger, " Integrating Theories of International Regime." *Review of International Studies*, Vol.26 , No.1 (2000) , pp.3-33.

Hass, Peter. " Introduction : Epistemic Communities and International Policy Coordination." *International Organization* , Vol.46, No.1(Winter , 1992) , pp.1-35.

Hoffman, Arron M. " A Conceptualization of Trust in International Relations." *European Journal of International Relations* , Vol.8 , No.3 (2002) , pp.375-401.

Hooghe, Liesbet Marks, Gary and Carole J. Wilson. " Does Left/Right Structure Party Positions on European Integration." *Comparative Political Studies* , Vol.35 , No.8 (2002) , pp.965-989 .

Ikenberry, John G., and Charles A. Kupchan. " Socialization and Hegemonic Power." *International Organization* , Vol.44 , No.3 (Summer , 1990) , pp.283-315.

Kahl, Colin H. " Constructing a Separate Peace : Constructivism, Collective Liberal Identity, and Democratic Peace." *Security Studies* , Vol.8 , No.2-3 (1999) , pp.94-144.

Kent, Ann. " China's International Socialization : The Role of International Organization." *Global Governance* , Vol.8 (2002) , pp.343-364.

Kelley, Judith, " International Actors on the Domestic Scene : Membership Conditionality and Socialization by International Institutions," *International Organization* , Vol.58, No.3 (Summer , 2004) , pp.425-457.

Keohane, Robert O. " Reciprocity in International Relations." *International Organization* , Vol.40 , No.1 (Winter , 1986) , pp.1-27.

_____ . " The Demand For International Regime." *International Organization* , Vol.36 No.2 (Spring , 1982) , pp.325-355.

_____ . " Compliance with International Commitments : Politics within a Framework of Law." *American Sociology International Law Process* , Vol.86 (1992) , pp.176-180.

Kindelberger, Charles P. " Dominance and Leadership in the International Economy : Exploitation, Public Goods, and Free Riders." *International Studies Quarterly* , Vol.25 (1981) , p.242-254.

Koh, Harold Hongju. " Transnational Legal Process." *Nebraska Law Review* , Vol.75 (1996) , pp.181-206.

____. " Why Do Nations Obey International Law." *The Yale Law Journal* , Vol.106 (1997) , p.2649.

Levy, Jack S. " Learning and Foreign Policy." *International Organization* , Vol.48 , No.2 (Spring , 1994) , pp.279-312.

March, James G., and John P. Olsen. " The Institutional Dynamics of International Political Orders." *International Organization* , Vol.52 , No.4 (Autumn , 1998) , pp.943-969.

____. " The New Institutionalism : Organizational Factors in Political Life." *American Political Science Review* , Vol.78 , No.3 (1984) , pp.734-749.

Mearsheimer, John J. " The False Promise of International Institutions." *International Security* , Vol.19, No.3(1995) , pp.1-36.

Milner, Helen. " International Theories of Cooperation Among Nations-Strengths and Weaknesses." *World Politics* , Vol.44, No.3(1992) , pp.466-480.

Nye, Joseph S. " Nuclear Learning and US-Soviet Security Regime." *International Organization* , Vol.41 , No.2 (Spring , 1987) , pp.371-402.

Puchala, Donald, and Raymond Hopkins. " International Regimes: Lessons From Inductive Analysis." *International Organization* , Vol.36, No.2 (Spring , 1982) , pp.245-276.

Rhodes, R. A. W. " The New Governance : Governing without Government." *Political Studies* , Vol.154 (1996) , pp.652-667.

Stoker, Gerry. " Governance as Theory : Five Propositions." *International Social Science Journal* , Vol.155 (1998) , pp.17-28.

Schimmelfennig, Frank. " International Socialization in the New Europe : Rational Action in an Institutional Environment." *European Journal of International Relations* , Vol.6 , No.1 (2000) , pp.109-139.

Wallace, M., and D. Singer. " Intergovernmental Organization in the Global System 1815-1964." *International Organization* , Vol.28 , No.2 (Spring , 1974) , pp.239-287.

Wendt, Alexander. " Anarchy is What States Make of It. The Social Construction of Power Politics." *International Organization* , Vol.46 , No.2 (Spring , 1992) , pp.391-426.

_____ . " Collective Identity Formation and The International State." *American Political Science Review* , Vol.88 , No.2 (1994) , pp.384-396.

(Ⅲ)Papers

Checkel, Jeffrey T. "International Institutions and Socialization in the New Europe- Chapter 1 : Introduction," *ARENA working papers* , WP 01/11.

_____ . " Persuasion in International Institutions," *ARENA working papers* , WP 02/14.

國家圖書館出版品預行編目

歐洲聯盟東擴之研究——從國際社會化的途徑分析
／ 王啓明著. -- 一版. -- 臺北市：秀威資訊科
技, 2009.07
　　面；　公分. -- (社會科學類；AF0115)
BID 版
參考書目：面
ISBN 978-986-221-255-4 (平裝)

1.歐洲聯盟　2.政治社會化　3.國際政治理論
4.國際合作

570.15　　　　　　　　　　　　98011237

社會科學類　　AF0115

歐洲聯盟東擴之研究
——從國際社會化的途徑分析

作　　者／王啓明
發 行 人／宋政坤
執行編輯／林泰宏
圖文排版／黃莉珊
封面設計／蕭玉蘋
數位轉譯／徐真玉　沈裕閔
圖書銷售／林怡君
法律顧問／毛國樑　律師
出版印製／秀威資訊科技股份有限公司
　　　　　台北市內湖區瑞光路 583 巷 25 號 1 樓
　　　　　電話：02-2657-9211　　傳真：02-2657-9106
　　　　　E-mail：service@showwe.com.tw
經 銷 商／紅螞蟻圖書有限公司
　　　　　台北市內湖區舊宗路二段 121 巷 28、32 號 4 樓
　　　　　電話：02-2795-3656　　傳真：02-2795-4100
　　　　　http://www.e-redant.com

2009 年 7 月 BOD 一版
定價：290 元

・請尊重著作權・
Copyright©2009 by Showwe Information Co.,Ltd.

讀 者 回 函 卡

感謝您購買本書，為提升服務品質，煩請填寫以下問卷，收到您的寶貴意見後，我們會仔細收藏記錄並回贈紀念品，謝謝！

1.您購買的書名：＿＿＿＿＿＿＿＿＿＿＿＿＿＿＿＿

2.您從何得知本書的消息？

　□網路書店　□部落格　□資料庫搜尋　□書訊　□電子報　□書店

　□平面媒體　□ 朋友推薦　□網站推薦 □其他＿＿＿＿＿＿

3.您對本書的評價：(請填代號　1.非常滿意 2.滿意 3.尚可 4.再改進)

　封面設計＿＿　版面編排＿＿　內容＿＿　文/譯筆＿＿　價格＿＿

4.讀完書後您覺得：

　□很有收獲　□有收獲　□收獲不多　□沒收獲

5.您會推薦本書給朋友嗎？

　□會　□不會，為什麼？＿＿＿＿＿＿＿＿＿＿＿＿＿＿

6.其他寶貴的意見：＿＿＿＿＿＿＿＿＿＿＿＿＿＿＿＿

＿＿＿＿＿＿＿＿＿＿＿＿＿＿＿＿＿＿＿＿＿＿＿＿＿

＿＿＿＿＿＿＿＿＿＿＿＿＿＿＿＿＿＿＿＿＿＿＿＿＿

＿＿＿＿＿＿＿＿＿＿＿＿＿＿＿＿＿＿＿＿＿＿＿＿＿

讀者基本資料

姓名：＿＿＿＿＿＿＿＿＿　年齡：＿＿＿　性別：□女 □男

聯絡電話：＿＿＿＿＿＿＿　E-mail：＿＿＿＿＿＿＿＿

地址：＿＿＿＿＿＿＿＿＿＿＿＿＿＿＿＿＿＿＿＿＿＿

學歷：□高中(含)以下　　□高中　　□專科學校　　□大學

　　　□研究所(含)以上 □其他＿＿＿＿＿＿＿

職業：□製造業 □金融業 □資訊業 □軍警 □傳播業 □自由業

　　　□服務業 □公務員 □教職　□學生 □其他＿＿＿＿

請貼
郵票

To：114

台北市內湖區瑞光路 583 巷 25 號 1 樓

秀威資訊科技股份有限公司　　　收

寄件人姓名：

寄件人地址：□□□

(請沿線對摺寄回,謝謝!)

秀威與 BOD

BOD（Books On Demand）是數位出版的大趨勢，秀威資訊率先運用 POD 數位印刷設備來生產書籍，並提供作者全程數位出版服務，致使書籍產銷零庫存，知識傳承不絕版，目前已開闢以下書系：

一、BOD 學術著作—專業論述的閱讀延伸
二、BOD 個人著作—分享生命的心路歷程
三、BOD 旅遊著作—個人深度旅遊文學創作
四、BOD 大陸學者—大陸專業學者學術出版
五、POD 獨家經銷—數位產製的代發行書籍

BOD 秀威網路書店：www.showwe.com.tw
政府出版品網路書店：www.govbooks.com.tw

永不絕版的故事・自己寫・永不休止的音符・自己唱